Mitos, leyendas e historia de los vikingos

Un apasionante recorrido por la mitología nórdica, las historias de los nórdicos y los vikingos en Inglaterra

© Copyright 2025

Todos los derechos reservados. Ninguna parte de este libro puede ser reproducida de ninguna forma sin el permiso escrito del autor. Los revisores pueden citar breves pasajes en las reseñas.

Descargo de responsabilidad: Ninguna parte de esta publicación puede ser reproducida o transmitida de ninguna forma o por ningún medio, mecánico o electrónico, incluyendo fotocopias o grabaciones, o por ningún sistema de almacenamiento y recuperación de información, o transmitida por correo electrónico sin permiso escrito del editor.

Si bien se ha hecho todo lo posible por verificar la información proporcionada en esta publicación, ni el autor ni el editor asumen responsabilidad alguna por los errores, omisiones o interpretaciones contrarias al tema aquí tratado.

Este libro es solo para fines de entretenimiento. Las opiniones expresadas son únicamente las del autor y no deben tomarse como instrucciones u órdenes de expertos. El lector es responsable de sus propias acciones.

La adhesión a todas las leyes y regulaciones aplicables, incluyendo las leyes internacionales, federales, estatales y locales que rigen la concesión de licencias profesionales, las prácticas comerciales, la publicidad y todos los demás aspectos de la realización de negocios en los EE. UU., Canadá, Reino Unido o cualquier otra jurisdicción es responsabilidad exclusiva del comprador o del lector.

Ni el autor ni el editor asumen responsabilidad alguna en nombre del comprador o lector de estos materiales. Cualquier desaire percibido de cualquier individuo u organización es puramente involuntario.

Índice

PRIMERA PARTE: MITOS Y LEYENDAS VIKINGOS 1
INTRODUCCIÓN 3
CAPÍTULO UNO: INTRODUCCIÓN A LA HISTORIA VIKINGA 4
CAPÍTULO DOS: UNA LEYENDA VIKINGA: GRETTIR EL
PROSCRITO 13
CAPÍTULO TRES: UNA GUÍA DE LAS DEIDADES NÓRDICAS 21
CAPÍTULO CUATRO: EL COSMOS NÓRDICO: EL AMANECER
DE LOS TIEMPOS 31
CAPÍTULO CINCO: YGGRASIL Y LOS NUEVE REINOS 38
CAPÍTULO SEIS: ODÍN, EL PADRE DE TODOS 46
CAPÍTULO SIETE: EL VALHALLA Y EL MÁS ALLÁ 53
CAPÍTULO OCHO: FREYJA, LA DIOSA PARA TODAS LAS
ESTACIONES 60
CAPÍTULO NUEVE: THOR, DIOS DEL TRUENO 65
CAPÍTULO DIEZ: CRIATURAS LEGENDARIAS DE LOS MITOS
NÓRDICOS 73
CAPÍTULO ONCE: LOKI, EL DIOS EMBAUCADOR, Y EL
PRINCIPIO DEL FIN 79
CAPÍTULO DOCE: RAGNARÖK, EL CREPÚSCULO DE LOS
DIOSES 87
CONCLUSIÓN 92

SEGUNDA PARTE: VIKINGOS EN INGLATERRA 95
INTRODUCCIÓN 97
CAPÍTULO UNO: LAS PRIMERAS INCURSIONES VIKINGAS (780-850 E. C.) 99
CAPÍTULO DOS: RAGNAR LODBROK 111
CAPÍTULO TRES: EL GRAN EJÉRCITO PAGANO 119
CAPÍTULO CUATRO: ALFREDO EL GRANDE 130
CAPÍTULO CINCO: EL *DANELAW* 138
CAPÍTULO SEIS: EDUARDO Y ATHELSTAN 148
CAPÍTULO SIETE: SVEND FORKBEARD Y CANUTO EL GRANDE 162
CAPÍTULO OCHO: STAMFORD BRIDGE Y HASTINGS 172
CAPÍTULO NUEVE: LA VIDA DE UN VIKINGO EN INGLATERRA 183
CONCLUSIÓN 192
VEA MÁS LIBROS ESCRITOS POR ENTHRALLING HISTORY 194
REFERENCIAS 195
FUENTES DE IMAGENES 203

Primera Parte:
Mitos y leyendas vikingos

Relatos apasionantes, cuentos e historia de los vikingos y la mitología nórdica

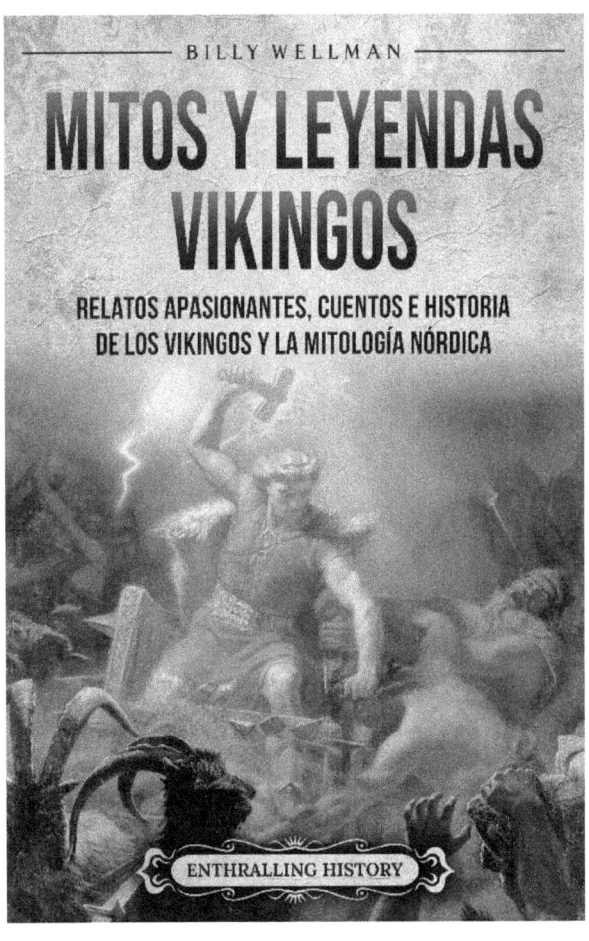

Introducción

Los mitos vikingos han fascinado al público durante siglos. Los esperados éxitos de taquilla, los videojuegos, los libros y los cómics han convertido a algunas de estas figuras en nombres comunes e incluso en disfraces de Halloween.

Pero, ¿hay más en estos dioses vikingos de lo que a menudo se describe? Este libro se sumerge en las historias y mitos más conocidos, y explora algunas de las leyendas que quizá no sean tan conocidas. Descubra por qué Thor se vestía de diosa y por qué Loki parió un caballo. ¿Cómo creían los vikingos que empezó el mundo? ¿Y cómo creían que terminaba?

Este libro va más allá de los mitos y habla de cómo el cristianismo influyó en la narración de estas sagas legendarias. Descubra cómo la historia vikinga se entrelaza con sus relatos y por qué es tan importante conocer los mitos y leyendas hoy en día.

Hay mucho que desentrañar en este libro. ¡Esperamos que disfrute de este viaje a través de la fantasía y la historia!

Capítulo uno: Introducción a la historia vikinga

En el año 793 e. c., los cristianos medievales de Europa quedaron conmocionados y horrorizados por un audaz ataque al pacífico monasterio de la isla sagrada de Lindisfarne. Fue una incursión despiadada. La iglesia, según las cartas del erudito Alcuino, fue «salpicada con sangre de los sacerdotes de Dios, despojada de todos sus ornamentos», tras lo cual los forasteros, sin reparar en la carnicería que habían sembrado en uno de los lugares más sagrados de la cristiandad en Europa, «pisotearon los cuerpos de los santos en el templo de Dios, como estiércol en la calle». Otro cronista, el monje Simeón, del priorato de Durham, escribió (aunque unos doscientos años más tarde) que «arrasaron todo con graves saqueos, pisotearon los lugares santos con pasos contaminados, desenterraron los altares y se apoderaron de todo el mar»[i].

La piedra del Domesday, una lápida del siglo IX en el priorato, representa una fila de siete guerreros con las armas en alto, preparándose para el ataque. Se cree que la piedra conmemora este acontecimiento, que no sería un ataque aislado. Fue el inicio de lo que se ha dado en llamar la época vikinga.

---

[i] *Volumen 2 de Symeonis monachi Opera omnia.* Simeón de Durham. Editado por Thomas Arnold. Oxford University Press, 1965.

El monasterio de Lindisfarne había sido fundado en el siglo anterior por el monje y misionero irlandés Aidan, el «apóstol de Northumbria». Albergaba las santas reliquias de san Cutberto, quien legendariamente curó a los enfermos y expulsó a varios demonios del norte de Inglaterra. Los peregrinos acudían en masa a su santuario, esperando milagros o la iluminación. Cuando se convirtió en un centro establecido de la fe cristiana, reyes, nobles y plebeyos lo colmaron de regalos de tierras, tesoros y otros objetos de valor, cada uno con la esperanza de comprar la salvación.

Este lugar sagrado no podría haber sido un objetivo mejor para los tres o cuatro barcos de los asaltantes escandinavos decididos a llevarse suficiente plata para comprarse tierras, estatus y novias de vuelta a casa. En el priorato había toda una serie de relucientes premios listos para ser recogidos y todos bajo un mismo techo. Estos tesoros eran escasamente defendidos por hombres santos que no tenían ninguna posibilidad de hacer frente a semejante embestida.

Según consta en la *Crónica anglosajona*, los vikingos robaban y masacraban sin importarles los sentimientos religiosos. Los asaltantes atiborraron sus barcos de tesoros y esclavizaron a los monjes antes de zarpar hacia su hogar, muy probablemente Noruega. Los que quedaron en la iglesia debieron de llorar de angustia. Los eruditos cristianos llegaron a la conclusión de que solo podía ser la pecaminosidad del pueblo de Northumbria lo que había hecho que Dios se mostrara reacio a proteger el monasterio y la isla sagrada.

El ataque de Lindisfarne no fue la primera incursión vikinga. Ya habían saqueado un monasterio de Northumbria en Jarrow, y se habían producido varios ataques en el sur de Inglaterra. En 788, tres *longships* («barcos largos») desembarcaron en Portland. Una vez en tierra, los vikingos mataron al corregidor de Dorchester, que se les había acercado imprudentemente para intentar averiguar el motivo de su llegada y había intentado llevarlos al señorío real, según la *Crónica anglosajona*.

Los primeros años de la época vikinga continuaron en la misma línea. En 795, los incursores vikingos atacaron por primera vez la abadía de Iona, en las Hébridas escocesas, y luego realizaron tres incursiones más en esa misma isla en la década siguiente. En 806, los vikingos masacraron a 68 monjes en lo que se conoce como la bahía de los mártires. Después, muchos de los supervivientes de Iona huyeron a la abadía de Kells, en Irlanda, lo que casi con toda seguridad les salvó la vida, ya que los vikingos regresaron en 825 para quemar la abadía. Mataron al resto de los monjes que se quedaron.

Los vikingos procedían de lo que hoy es Noruega, Suecia y Dinamarca. A principios de la época vikinga, fueron sobre todo los incursores noruegos los responsables de los ataques a Gran Bretaña e Irlanda. Los daneses y los suecos solían causar estragos en la Europa continental.

No todos los habitantes de estos países eran conocidos como vikingos. El nombre ha llegado a definir a un sector concreto de las comunidades nórdicas: marinos escandinavos medievales que eran consumados navegantes y aventureros, violentos piratas y ladrones, y despiadados traficantes de esclavos.

En la sociedad nórdica, los *thralls*, o personas esclavizadas, eran la clase más baja. Los prisioneros de guerra de los vikingos eran a menudo esclavizados, y algunos asaltantes armados partían en misiones específicas de esclavitud, navegando de costa a costa por el noroeste de Europa en busca de comunidades pacíficas donde pudieran apresar a hombres y mujeres jóvenes. Hubo secuestros violentos y algunas víctimas fueron inmovilizadas (se han desenterrado grilletes de hierro medievales en los puestos comerciales vikingos de Birka, en Suecia, y Hedeby, en Dinamarca). Las personas indudablemente traumatizadas que habían sido secuestradas y llevadas lejos de sus tierras natales pasaban a menudo por varias manos, habiendo sido compradas y luego vendidas en mercados de esclavos o a la nobleza anglosajona. Pocos permanecieron en Escandinavia. Tras el asalto al priorato de Lindisfarne, Alcuino intentó recaudar fondos para la liberación de los monjes que los vikingos se habían llevado.

Aunque los vikingos arriesgaban sus vidas en los traicioneros mares del norte, la mayoría de los nórdicos trabajaban tranquilamente sus tierras. Cultivaban productos como cebada, avena, centeno y guisantes, y criaban cerdos, cabras, ganado vacuno y caballos para proporcionar alimentos suficientes a sus familias y, a veces, a sus familias extensas. Sin embargo, el suelo era pobre y los agricultores nórdicos de la Edad Media aún no habían comprendido los beneficios de los fertilizantes. La tradición era que el hijo mayor heredara la granja, por lo que los hijos menores generalmente se veían obligados a abrirse camino en el mundo. El atractivo de la aventura y la camaradería, además de la oportunidad de adquirir suficiente plata para comprar sus propias tierras, debió de ser una propuesta tentadora y embriagadora para aquellos jóvenes.

La vida de los nórdicos en Escandinavia durante la Edad Media era dura para los que no eran terratenientes. El clima frío presentaba sus propias dificultades, con inviernos amargos y gélidos, y había escasez periódica de arenque, que era la principal fuente de alimento para la población. Paradójicamente, en algunos años, había un excedente de alimentos para llevar al extranjero y comerciar junto con sus cargamentos habituales de pieles, hierro, madera y ámbar, que intercambiaban por oro, plata, sedas y especias de los comerciantes del sur.

A medida que otras naciones intensificaban su comercio de ultramar, siempre existía la posibilidad de que los vikingos se permitieran un poco de piratería. A medida que se desarrollaba la época vikinga, existía incluso la posibilidad de establecerse en ultramar, en Gran Bretaña, Irlanda, Europa continental o incluso en las pequeñas colonias que los vikingos establecieron en las lejanas tierras de Islandia, Groenlandia y Norteamérica.

Escandinavia era un lugar ideal para hacerse a la mar y explorar las tierras del oeste. Los hábiles constructores navales nórdicos desarrollaron técnicas para construir *longships* fuertes y rápidos, superponiendo tablones de madera de fresno sobre un armazón acanalado que se remachaba con clavijas de hierro. Los barcos largos hechos para incursiones eran simétricos para que la tripulación pudiera invertir la dirección sin tener que dar la vuelta a la embarcación. Estos barcos albergaban una tripulación de veinticinco a treinta personas.

Los barcos *knarr*, que se utilizaban para el comercio, eran mucho más grandes (unos 16 metros o 52 pies) y más profundos y anchos (unos 5 metros o 16 pies) que los barcos largos tradicionales. Podían transportar unas veinticuatro toneladas de carga y una tripulación de sesenta personas. Los barcos *knarr* no solo eran robustos y veloces; también eran lo suficientemente ligeros como para ser transportados o arrastrados hasta la costa. Fue en estos barcos *knarr* en los que los vikingos navegaron por el océano Atlántico. Solo se ha encontrado uno de estos barcos más grandes. Fue descubierto en el fiordo de Roskilde, en Dinamarca; ahora se conserva cuidadosamente en el museo local.

Cuando los vikingos regresaban a sus hogares y colgaban las hachas, se dedicaban a labrar la tierra o trabajaban como artesanos (como herreros o constructores navales), comerciantes o pescadores. Las incursiones se realizaban generalmente durante los meses de verano, cuando los mares solían estar más tranquilos. De ese modo, los vikingos podían regresar para ayudar en las cosechas de otoño. Con el tiempo, asaltar monasterios desprotegidos y ricos llegó a ser tan rentable y lucrativo que descubrieron que no tenían verdadera necesidad de hacer otra cosa.

Se consideraba que los jóvenes de ambos sexos habían alcanzado la madurez a los doce años. A esa edad, los varones trabajaban como adultos, administrando sus tierras o trabajando como herreros, marineros o artesanos. A los veinte años, la mayoría estaban casados y se habían convertido en padres.

Cabe señalar que las mujeres casadas con agricultores vikingos se consideraban en general capaces de gestionar la tierra en ausencia de su pareja. Las mujeres eran respetadas. El maltrato físico femenino se condenaba como algo vergonzoso y las mujeres tenían mejores derechos que en muchas culturas europeas contemporáneas. Por ejemplo, podían divorciarse si tenían motivos y podían poseer propiedades. Aunque la mayoría de las mujeres eran responsables de las granjas, es probable que algunas desempeñaran funciones en el comercio y como guerreras, ya que se han descubierto armaduras de escamas y armas en tumbas excavadas de mujeres.

La religión y las creencias paganas nórdicas se practicaban desde antes del 500 a. e. c. Era politeísta, lo que significa que había varias deidades, tanto masculinas como femeninas. El culto estaba estrechamente relacionado con las estaciones y los ciclos del año. Era habitual que los fieles se congregaran al aire libre o en lugares naturales emblemáticos. Los espacios sagrados alrededor de estas arboledas sagradas, arroyos, montañas, rocas o árboles estaban marcados por límites de piedra o ramas. Existe la creencia generalizada de que los adoradores dejaban ofrendas y realizaban rituales con la esperanza de garantizar la fertilidad, la prosperidad y la seguridad como parte de su vida cotidiana. Sin embargo, en los restos de complejos multifuncionales, que incluyen salas de hidromiel para festivales públicos, se han descubierto zonas cercadas que contienen un *hörgr* (una especie de altar a menudo formado por un montón de piedras). Algunos yacimientos destacados se encuentran en las islas Lofoten, en Noruega, y en Funen, en Dinamarca.

El cronista medieval alemán Adam de Bremen escribió un relato de los rituales paganos que se realizaban en Gamla Uppsala, en Suecia. Describió un templo (*hof*) que estaba dorado por dentro y contenía tres estatuas de dioses nórdicos. Thor, uno de los dioses más importantes, estaba situado en el centro. Gobernaba los cielos y sostenía un cetro. Se esperaba que Thor proporcionara un clima benigno a granjeros y marineros. Odín estaba representado como un guerrero. Era el dios de la guerra y la victoria, mientras que «Fricco» (o Freyr) era el dios de la paz y la fertilidad. Cada uno de estos dioses tenía su propio sacerdote y, según Adam, cada nueve años se celebraba un gran festival en el templo. Gente de toda Escandinavia viajaba para asistir a él.

Se produjeron sacrificios humanos. Se dejaron más de 72 cadáveres colgados en los árboles de los alrededores y había un edificio dedicado a los rituales de libación (el vertido de líquido o granos como ofrenda). Se han excavado los restos del *hof* de Gamla Uppsala. La casa comunal tenía más de cien metros de longitud y databa originalmente de entre los años 600 y 800 de la era cristiana.

Este festival era probablemente lo que se conoce como *blót* en nórdico antiguo, una fiesta común que se celebraba durante nueve días cada nueve años en los países escandinavos y germánicos. En las ceremonias paganas suecas del *blót* se sacrificaban nueve machos de cada especie animal, incluidos los humanos.

Aunque no existía un líder de fe aparente como en la mayoría de las comunidades, varias piedras rúnicas nórdicas hacen referencia a personas que llevaban el título de *gothi* en los pueblos nórdicos de principios de la Edad Media, especialmente en Islandia, donde los vikingos se asentaron a finales del siglo IX de nuestra era. Es posible que estos funcionarios tuvieran una posición religiosa, pero es más probable que fueran respetadas figuras de alto rango, responsables de asuntos políticos, de la ley y el orden, y de cuestiones de fe. Las sagas hacen referencia a diosas llamadas *völva* y a sabios ancianos varones llamados *thul* que, según se cree, participaban en la alabanza a los dioses nórdicos, recitando poesía y cantando.

Los matrimonios eran motivo de gran celebración en la Escandinavia pagana. Las familias buscaban novias para sus hijos. Una vez negociada la herencia de la nueva pareja y la dote de la novia, los esponsales se sellaban con un regalo de los padres del joven. Las dos familias quedaban entonces unidas y el contrato se sellaba en la boda, que era una ceremonia pública y una fiesta que a menudo duraba varios días.

Dar a luz era una época peligrosa para las madres y los bebés medievales. Los mitos, leyendas y sagas nórdicos permiten comprender mejor las prácticas culturales de la época. Las futuras madres cantaban y realizaban rituales a las diosas maternas, como Frigg y Freyja, para que sus hijos nacieran en condiciones seguras y para que el momento del parto fuera favorable. Como se pensaba que estas deidades estaban presentes durante el parto, este proceso natural se aceptaba como parte de la familia y la sociedad (a diferencia de otras culturas que lo consideraban un momento ofensivo e impuro).

Nueve noches después del parto, el niño era llevado al cabeza de familia, que lo sentaba sobre sus rodillas y rociaba agua sobre él, algo muy parecido a un bautizo. Es posible que toda la familia estuviera presente y llevara regalos.

Tras esta ceremonia, el bebé era considerado miembro de pleno derecho del clan. Si sus padres lo mataban, serían considerados culpables de asesinato. (En ocasiones, se mataba a los recién nacidos en sus primeros nueve días si se pensaba que no sobrevivirían).

Los vikingos creían firmemente en el destino predestinado. Elegían a sus antepasados o apellidos para sus hijos, confiando en que desarrollarían cualidades y talentos de sus homónimos.

Las familias vikingas daban mucha importancia a sus antepasados, pues creían que tenían una gran influencia sobre ellos, incluso desde las lejanas tierras de los muertos. Sentían un profundo respeto por la muerte y se tomaban muy en serio los ritos de cremación y enterramiento. Los muertos eran equipados con sus posesiones y suficiente comida y bebida para su viaje al más allá. Los pobres eran enterrados con un simple hacha o cuchillo, mientras que los nórdicos ricos y las mujeres a menudo eran enterrados con varias posesiones y todo tipo de lujos, incluyendo sirvientes, perros o caballos sacrificados en tumbas ovaladas marcadas con montones de piedras. Algunos guerreros eminentes fueron enterrados en sus *longships*, y se han descubierto mujeres danesas adineradas enterradas en carros. Los vikingos suecos eran más propensos a ser incinerados, conteniendo sus cenizas en un recipiente de arcilla en lugar de enterrarlas bajo un túmulo marcado.

La sociedad vikinga se basaba en gran medida en la hospitalidad. Las familias nórdicas disfrutaban juntas de grandes banquetes y celebraciones, y se consideraba una cuestión de honor el no rechazar nunca a un forastero. Las jóvenes podían ser prometidas a la edad de doce años, con una celebración que duraba días, seguida de un banquete nupcial durante el cual se disfrutaba de una gran cantidad de cerveza e hidromiel. Por el arte y las tallas de la época y las historias transmitidas de generación en generación, es evidente que disfrutaban de la lucha, los deportes y los juegos. Tocaban música y cantaban como parte de sus festividades.

Como los vikingos no eran cristianos, les importaban poco las consecuencias de saquear los lugares santos y sagrados de la «nueva» religión, pues no los consideraban más que edificios mal defendidos que, la mayoría de las veces, contenían tesoros. Como paganos, a menudo se perdían los lucrativos acuerdos comerciales que los mercaderes cristianos pactaban entre sí y, al igual que los musulmanes, eran discriminados por sus creencias. Debido a la bien ganada reputación de violencia, pillaje y saqueo de los vikingos, que duraría siglos, los mercaderes de fuera de Escandinavia, como era de esperar, no solían estar dispuestos a establecer alianzas comerciales con ellos.

Las incursiones vikingas eran tan brutales y habían llegado a ser tan temidas que, en el año 865, los habitantes de Kent (en el sur de Inglaterra) ofrecieron entregar sus riquezas con la condición de que los vikingos no siguieran adelante con el saqueo. Esto supuso una revelación para los saqueadores. Rápidamente, introdujeron una tasa para sus objetivos regulares que se conoció como el Danegeld, que era esencialmente un pago o tributo a los vikingos para que dejaran en paz una determinada región. Esto continuó a lo largo de los siglos X y XI. En 991, durante el reinado del rey Etelredo II el Indeciso, se gravó a sus súbditos para que recaudaran diez mil libras (en peso) de plata para entregárselas a los vikingos. Y la cosa no acabó ahí; tres años más tarde, los vikingos regresaron y se les pagaron otras dieciséis mil libras. En 1002, volvieron por veinticuatro mil libras de plata.

Era una cantidad enorme para entregar y no podía continuar. Los anglosajones pagaban impuestos hasta el cuello y sencillamente no podían permitirse pagar más. El país estaba en bancarrota, los pobres pasaban hambre y el pueblo empezaba a cuestionar el liderazgo de su rey. Alarmado, Etelredo el Indeciso dio la orden extrema de que todos los colonos vikingos que permanecieran en Inglaterra fueran asesinados el 13 de noviembre de 1002, el día de San Brice. Miles de escandinavos fueron asesinados, incluida la hermana de Svend Forkbeard, rey de Dinamarca, quien juró vengarse cuando se enteró de lo sucedido.

Los vikingos regresaron en 1006, y Etelredo se vio obligado a entregar otras 36.000 libras de plata. En un intento desesperado por librar por fin a su país de la amenaza vikinga, construyó apresuradamente una flota de barcos para defender sus costas. Sin embargo, los ingleses demostraron ser malos marineros en comparación con los nórdicos, y los vikingos tuvieron pocas dificultades para hacerles frente. En 1013, Svend y su hijo

Canuto (también conocido como Cnut) llegaron para hacerse con el trono inglés. Etelredo huyó a Francia.

Sin embargo, sería un reinado corto. Tras cinco semanas, Svend murió de apoplejía y Etelredo emprendió su regreso. Canuto regresó a Dinamarca, donde su hermano, Harald II, había sido coronado rey. Aun así, Canuto no había renunciado al trono inglés. Regresó a Inglaterra en 1016 tras reunir un formidable ejército. A su llegada, se enteró de que Etelredo había muerto, por lo que Canuto consiguió ser elegido heredero del rey muerto.

Como autodenominado «rey de toda Inglaterra y Dinamarca y de los noruegos y algunos suecos» (utilizado en una carta a sus súbditos con motivo de su coronación), Canuto es recordado en los textos medievales como un feroz guerrero vikingo y un rey sabio y capaz. Ayudó a restaurar la prosperidad en Inglaterra, aunque después de asesinar a muchos de los señores ingleses y posibles pretendientes al trono inglés.

Se considera que la época vikinga terminó en 1066. Al igual que había comenzado con las incursiones en Gran Bretaña, llegó a su fin cuando las incursiones cesaron en el momento de la invasión normanda. Ese mismo año, el rey noruego Harald Haardrade, que había abandonado sus costas con la esperanza de luchar por la corona inglesa, fue asesinado en suelo inglés en la batalla de Stamford Bridge.

Para entonces, la mayoría de los escandinavos habían abandonado sus creencias paganas, habiéndose convertido al cristianismo. La Iglesia no veía con buenos ojos las incursiones. En la saga islandesa *Hitdælakappa*, el rey Olaf le dice a Björn de Noruega que lo deje: «Aunque creas que te va bien, a menudo se viola la ley de Dios». En cualquier caso, todos los objetivos habituales se habían fortificado y estaban mucho mejor defendidos que a finales del siglo VIII.

Sin embargo, no abandonaron por completo a los dioses y héroes nórdicos. Incluso hoy en día, un pequeño número de personas en Dinamarca siguen la antigua religión de forma similar a los vikingos, al aire libre y con ofrendas. Algunas de las ceremonias se han transmitido de generación en generación y, en los últimos años, se ha producido un resurgimiento del paganismo en Islandia. Las historias de las deidades que fascinaron y cautivaron a los vikingos se han convertido en la mitología nórdica que sigue deleitando a los lectores en la actualidad.

Capítulo dos: Una leyenda vikinga: Grettir el proscrito

En la Edad Media, los islandeses desarrollaron la tradición de recopilar detalladas historias familiares en forma de largas sagas escritas en prosa. Una de ellas, La *Saga de Grettir el proscrito* o La *Saga de Grettir el fuerte*, fue escrita en el siglo XIII y relata la historia de un héroe vikingo.

La saga se divide en tres partes. Los trece primeros capítulos relatan la vida del bisabuelo de Grettir, Önundur, un incursor vikingo que perdió un pie mientras luchaba contra el rey noruego Harald Fairhair en la batalla de Hafrsfjord (en algún momento entre 872 y 900). El rey salió victorioso y sus enemigos, incluido Önundur Pie de Árbol (como se lo conocía entonces), huyeron de Noruega a Gran Bretaña e Irlanda. Tras luchar contra el rey Kjarval de Dublín, Önundur regresó a Noruega antes de zarpar hacia Islandia, donde se estableció definitivamente.

La saga pasa entonces al hijo de Önundur Pie de Árbol, Thorgrim Cabeza Gris, y a su hijo, Ásmundar, el padre de Grettir.

Ásmundar y su esposa Asdis tenían una granja en Bjarg, donde criaron a sus dos hijos, Atli, un muchacho tranquilo y serio, y Grettir, que nació hacia el año 997 de la era cristiana. Grettir tenía un carácter difícil. Ya de niño era rebelde y truculento, pero también notablemente fuerte. Se lo describe como pelirrojo, con pecas y ojos muy abiertos. Aunque su madre lo quería mucho, su padre conocía la naturaleza de su hijo y sabía que era problemático. Ásmundar y Asdis también tuvieron dos hijas: Thordis y Rannveig.

Grettir no era muy útil en la granja familiar. Cuando tenía catorce años, fue enviado en lugar de su padre al Althing (una asamblea anual del gobierno islandés). Una mañana, él y los demás delegados se despertaron y descubrieron que habían soltado sus caballos y les habían robado la comida. Grettir rápidamente acorraló a uno de sus compañeros, Skeggi, y lo acusó del crimen.

Skeggi respondió desenvainando su hacha. Grettir lo mató en la pelea. Al darse cuenta de la gravedad de sus actos, afirmó que el hombre debía de haber sido asesinado por un troll, pero los otros delegados no estaban convencidos. Grettir acabó confesando.

A pesar de que sus padres ofrecieron *weregild* (dinero de sangre) como compensación por la pérdida de la vida de Skeggi, Grettir fue desterrado durante tres años. Antes de partir, su madre le regaló la espada corta o *sax* de su abuelo Jökul, a veces conocida como Jökulsnautr («el regalo de Jökul») por ser una reliquia familiar, después de que Ásmundar se negara a darle la suya.

Entonces, Grettir zarpa hacia Noruega. Hace poco para ayudar a la tripulación del barco hasta que se produce una fuga. Haciendo uso de su gran fuerza y habilidad, consigue repararla. Poco después, chocan contra una roca y el barco se hunde frente a la costa noruega, donde un terrateniente local, Thorfinn, ayuda a la tripulación y a los pasajeros del barco a ponerse a salvo. La mayoría de los viajeros se dirigen al sur, pero Grettir decide quedarse con Thorfinn y su familia.

Una noche, Grettir ve un fuego ominoso en la distancia. Cuando pregunta por él, le dicen que es el fantasma del padre de Thorfinn, Kárr inn gamli, que acecha su túmulo. Grettir decide investigar y se adentra en el túmulo. En la cámara funeraria, que está llena de riquezas, hay un *draugr,* una criatura no muerta parecida a un zombi. Se trata del no muerto Kárr inn gamli. El *draugr* ataca de inmediato a Grettir.

Mientras forcejean en la cámara funeraria, Grettir consigue desenvainar a Jökulsnautr, la espada de su madre, y separa la cabeza del *draugr* de su cuerpo. Regresa a la granja con el tesoro del túmulo para decirle a Thorfinn que ha derrotado al fantasma de su padre muerto. Grettir le pide una espada en particular que ha encontrado entre el ajuar funerario, pero le dicen que tendrá que ganársela.

Algún tiempo después, Thorfinn está ausente cuando llega un pequeño barco de extraños. Le dicen a Grettir que han venido a resolver un agravio contra Thorfinn. Para horror de la esposa de Thorfinn, Grettir los lleva a la casa y les da copiosas cantidades de alcohol hasta que están muy borrachos. Luego, los guía hasta una gran dependencia y los encierra allí. La esposa de Thorfinn, al darse cuenta de lo que está haciendo, le da armas y armaduras. Grettir regresa y los mata a todos. Cuando Thorfinn regresa, le entrega la espada que le había pedido y le hace un juramento de amistad para toda la vida.

Grettir abandona la granja de Thorfinn para pasar el invierno como huésped de un rico terrateniente llamado Thorkell. Pronto se enemista con uno de los hombres de su anfitrión, Björn, que pertenece a una familia de gran reputación, pero que, en opinión de Grettir, es muy engreído y fanfarrón. Los dos hombres se cogen antipatía al instante.

Poco después de la llegada de Grettir, un salvaje oso pardo gigante comienza a arrasar la zona, matando audazmente al ganado delante de los granjeros y aterrorizando a la gente. Cuando este monstruo mata ganado y hombres en las tierras de Thorkell, sus hombres parten en busca de su guarida.

Su guarida se encuentra en un acantilado con vistas al mar. Solo se puede acceder a la guarida por un estrecho sendero que está precariamente cerca del precipicio. Björn, el enemigo de Grettir, se jacta de que matará a este oso, pero mientras avanza por el sendero, oye a la enorme bestia gruñir y roncar mientras duerme en su guarida. Björn acecha desde fuera, cubierto por su escudo. A medida que pasa el tiempo, se queda dormido.

El oso se despierta y sale de su cueva, listo para atacar al rebaño o manada de otro granjero cuando ve a Björn. Con su enorme zarpa, el oso golpea el escudo para hacerlo caer por el precipicio. Björn consigue ponerse en pie y huye, escapando por poco de la atención de la bestia.

Regresa a Thorkell, lleno de bravatas, donde se decide que un pelotón de ocho, incluido Grettir, irá a matar al oso. Recorren el peligroso camino e intentan atacar al oso en su guarida. Esto resulta ser todo un desafío. Grettir se quita su capa de piel para participar en la lucha, en tanto que Björn insta a los hombres a luchar contra él mientras él permanece detrás, fuera de peligro inmediato. Björn arroja entonces la capa de Grettir al combate cuerpo a cuerpo.

Los hombres se rinden en su lucha y, cuando empiezan a marcharse, Grettir se da cuenta de que no encuentra su piel. Aparentemente, el oso se ha apoderado de ella. Björn acusa a Grettir de haberla tirado él mismo para volver y matar al oso él solo y reclamar la gloria.

Por supuesto, Grettir vuelve directamente a la cueva y forcejea con el feroz oso. Utilizando el Jökulsnautr, consigue rebanar una de las patas del oso. Luego, cuando se le echa encima, Grettir lo agarra por las orejas y tira de su cabeza hacia atrás para que no pueda hincarle los dientes. Esta fue, dijo después, su mayor hazaña de fuerza.

Grettir y el oso caen del sendero y descienden por el acantilado, cayendo el oso a la playa de abajo y sufriendo graves heridas. Grettir aterriza sobre él. Desenvaina su espada y se la clava a la bestia. Luego sube al acantilado para recoger su capa maltrecha y desgarrada, así como la pata cercenada del oso antes de regresar a casa de Thorkell.

Los hombres están de fiesta para cuando regresa, y se ríen de Grettir con su pelaje raído hasta que pone la pata en la mesa. Le dice a Björn que ya es hora de que empiece a mostrarle respeto, pero Björn deja claro que no lo hará. Sin embargo, Thorkell ya está harto y les dice que dejen a un lado sus rencillas mientras estén bajo su techo.

La primavera siguiente, Grettir parte hacia el norte con los hombres de Thorkell mientras Björn navega hacia Inglaterra. Los dos hombres se reencuentran en Trondheim en otoño mientras regresan para disfrutar de la hospitalidad de Thorkell. Grettir está encantado con la oportunidad de arreglar sus diferencias de una vez por todas. Tras intentar evitar una pelea y ser acusado de cobardía, a Björn no le queda más remedio que luchar contra Grettir. Grettir lo mata.

Los hombres de Björn se apresuran a avisar a Thorkell, que se entristece, pero no se muestra especialmente sorprendido. Grettir regresa a la granja de Thorfinn. Tras explicarle lo que ha hecho, su amigo se da cuenta sabiamente de que necesitará su apoyo.

El hermano de Björn, Hjarrandi, es guardaespaldas del *jarl* Sveinn, y se queja amargamente ante él de lo que ha hecho Grettir. El *jarl* convoca a Grettir. Aunque Grettir admite que había sido provocado, el *jarl* decide que debe pagar el *weregild* a Hjarrandi.

Este resultado no es el que Hjarrandi esperaba. Así que, mientras Grettir está fuera, se lanza sobre él, decidido a vengar a su hermano. Pero Grettir es demasiado fuerte para él y lo mata a él y a sus hombres. El *jarl* Sveinn está furioso y presenta una acusación de homicidio involuntario contra Grettir, que se marcha rápidamente a Islandia, su destierro casi al final.

Mientras Grettir se esfuerza por asentarse en su nueva vida, oye hablar de un granjero cuyos pastos están acechados por un *wight* (otra entidad no muerta parecida a un zombi). Para librarse de esta horrible criatura, había contratado a un pastor sueco muy grande y fuerte llamado Glam, que consiguió matar al *wight*, pero había muerto en el proceso. Cuando el granjero y sus hombres encontraron el cuerpo de Glam tendido en la nieve, les resultó imposible moverlo, por lo que se vieron obligados a construir un túmulo a su alrededor en el prado.

Poco después, Glam se convirtió en un horrible *revenant* (otra espantosa criatura no muerta). Empieza a acechar a la comunidad local, matando a sus animales y golpeando los tejados durante la noche. Después de matar a la hija del granjero, Grettir se ofrece a ayudarlo, a pesar de que le han advertido de que no lo haga.

El *revenant* Glam mata al caballo de Grettir poco después de su llegada. La tercera noche, Glam levanta el tejado de la granja y entra en ella. Grettir no tarda en atacar. Mientras luchan, destruyen todo lo que hay en la sala hasta que Grettir utiliza toda su fuerza para obligar a Glam a salir por la puerta, destrozando toda la pared exterior.

A medida que Glam cae al suelo, consciente de que su fin está cerca, mira fijamente a Grettir, con los ojos brillando en la noche. Glam pronuncia una maldición, jurando que Grettir nunca se hará más fuerte, y que sus grandes y heroicas hazañas solo le granjearán odio y exclusión. Estas palabras tienen un gran impacto. Incapaz de olvidar los ojos brillantes de Glam, Grettir se aterroriza de la oscuridad.

Tratando de dejar atrás la maldición de Glam, Grettir se entera de que el nuevo rey, Olaf II Haraldsson, está reuniendo una tropa de guerreros y aventureros islandeses de élite, algo perfecto para él. Grettir parte en pleno invierno para presentarse en la corte del rey.

En el camino, las condiciones empeoraron rápidamente. Grettir, congelado tras vadear un río helado, entra en una casa en busca de fuego. Desgraciadamente, cuando la gente de dentro ve a un hombre enorme cubierto de hielo, piensan que es un trol y luchan contra él, lanzándole brasas. En la confusión, la casa se incendia y todos los que están dentro mueren, incluidos dos hijos de un popular cacique local llamado Thorir.

A pesar de ser un accidente, Thorir está empeñado en vengarse. Se asegura de que Grettir no tenga ninguna oportunidad de impresionar al rey, y las cosas no mejoran cuando Grettir pierde los estribos y mata a un hombre cuyo hermano, en venganza, mata al gentil Atli allá en Bjarg.

Lo peor está por llegar. Cuando Grettir regresa a la granja familiar, descubre que su padre también ha muerto y se entera de que Thorir ha solicitado al Althing de ese año que sea declarado proscrito. Es demasiado tarde para que pueda ofrecer algún tipo de defensa; la sentencia ya ha sido dictada.

Tras matar al asesino de Atli y con un precio aún más alto por su cabeza, Grettir se ve obligado a pasar muchos años huyendo, a menudo disfrazado, confiando en viejos amigos y amables desconocidos, ya que su miedo a la oscuridad le hace difícil soportar esconderse en la naturaleza. Pasa varios años en un valle bordeado de glaciares, gobernado por un amable gigante y sus hijas, pero con el tiempo, se vuelve inquieto. Sabe que Thorir no renunciará a su búsqueda de venganza y enviará asesinos para darle caza.

Se entera de que una dama llamada Steinvör está siendo acosada por un trol malévolo que se ha llevado a su marido y a su criado. Presentándose como Gestur, Grettir se ofrece a ayudarla y se queda en su finca mientras ella asiste a la misa de Yuletide. Ante el temor de que no pueda ir porque el río está demasiado crecido, Grettir la carga a ella y a su hija sobre su hombro izquierdo y cruza el embravecido torrente, apartando grandes trozos de hielo con su brazo derecho.

Una vez que están a salvo en el otro lado, Grettir regresa a la casa y se prepara para luchar contra los trols. Mientras espera, las puertas se abren de golpe. Una enorme mujer trol entra, con los ojos llameantes. Cuando ve a Grettir, ataca. Los dos luchan duramente toda la noche, dejando un rastro de destrucción tras de sí. La mujer trol arrastra a Grettir fuera de la casa hasta un profundo barranco junto a una cascada, donde, exhausto, blande salvajemente su espada en un último intento de impedir que ella lo arrastre. Grettir le corta el brazo. Ella cae de espaldas al barranco y desaparece.

Tras regresar a la granja, él y otro hombre van a ver si encuentran al marido de Steinvör, que podría estar en una cueva detrás de la cascada. Su compañero se agarra a una cuerda mientras Grettir desciende en rappel por la pared del acantilado.

Grettir se sumerge en el profundo barranco que hay tras la cascada y entra en la cueva. Allí encuentra una gran hoguera con un gigante estirado junto a ella. En cuanto el gigante ve a Grettir, salta y le arrebata un bastón de madera. Grettir consigue defenderse con su espada. Cuando el gigante busca un arma mejor, Grettir le da un tajo en el cuerpo y le deja una herida tan profunda y grande que las entrañas del gigante se salen de su cuerpo y caen al río.

Cuando el compañero de espera de Grettir ve las entrañas ensangrentadas que son arrastradas río abajo, cree que deben ser las de Grettir y regresa a la granja para informar a Steinvör de su muerte. Mientras tanto, Grettir acaba con el gigante herido y luego se adentra en la cueva, donde encuentra los huesos de dos hombres y una gran cantidad de tesoros. Los mete en una bolsa y se dirige al fondo del acantilado. Como no hay nadie que pueda ayudarle, se ve obligado a subir por sí mismo la pared rocosa.

Revela su verdadera identidad a Steinvör y le entrega los restos de su marido y su sirviente, así como el tesoro. Ella le da un hogar hasta que Grettir se entera de que los hombres de Thorir lo están cercando. Vuelve a Bjarg por última vez para decirle a su madre que se va a Drangey, una fortaleza en una isla en el extremo norte de Islandia. Está deshabitada y rodeada de acantilados. Solo se puede acceder a Drangey por una escalera.

Illugi, el hermano de quince años de Grettir, decide acompañarlo, pero su madre sabe que acabará mal para ambos. Llegan a Drangey con otro compañero, Glaum, y se sienten como en casa. Sin embargo, las familias propietarias de la isla no están nada contentas. Eligen a Thorbjörn Angle para que consiga que se marchen, y este hace varios intentos para conseguirlo.

Para entonces, Grettir lleva diecinueve años fuera de la ley. Cuando el Althing decreta que pronto será libre, ya que ningún hombre puede ser un proscrito durante más de veinte años, Thorbjörn Angle recibe la orden de deshacerse de él antes o perderá su parte de Drangey.

Thorbjörn consulta a su madre adoptiva, Thurid, que es bruja, y ella accede a ir con él para persuadir a Grettir de que se marche. Sin embargo, cuando empieza a maldecirlo, Grettir le lanza una piedra que le rompe una pierna. Furiosa, se ve obligada a utilizar sus poderes oscuros. Encuentra un tronco de árbol y graba en él runas de sangre antes de lanzarlo al mar.

En la isla, Grettir ve este tronco varias veces. Sin embargo, desconfía de él y no lo lleva a tierra. Glaum, sin embargo, no se da cuenta y piensa que será una buena leña. Cuando Grettir intenta cortarlo para hacer leña, el hacha rebota en él y le hace un corte en la pierna.

La propia herida se ve agravada por las runas de sangre de la bruja, y Grettir se debilita a medida que Thorbjörn y sus hombres asaltan la isla. Glaum, que ya ha demostrado ser un estorbo, ha olvidado levantar la escalera.

Illugi lucha como un troyano, pero no puede con todos. Cuando Thorbjörn llega hasta Grettir, descubre que ha sucumbido a su herida maldita. El gran, aunque desafortunado, guerrero ha muerto.

Thorbjörn mata a Illugi con la esperanza de evitar una venganza y se lleva la cabeza de Grettir para reclamar la recompensa que Thorir le había prometido. Sin embargo, cuando se hace evidente que su muerte se debió a brujería, Thorir se niega a pagar.

La larga saga no termina con la muerte de Grettir. Su hermanastro Thorsteinn Dromund (hijo de su padre con su primera esposa, Rannveig de Tunsberg, en Noruega) inicia una misión para vengarlo, pero la acción se traslada de los reinos vikingos a Constantinopla.

Capítulo tres: Una guía de las deidades nórdicas

El pueblo medieval de Escandinavia depositaba su fe en un complejo sistema de deidades que tenían diversas responsabilidades sobre los diferentes aspectos de la vida de las personas. Por desgracia, para los historiadores y expertos, los relatos escritos nórdicos contemporáneos son prácticamente inexistentes. La cultura vikinga transmitía su historia y sus relatos oralmente. Las decisiones, la información y los tratos se transmitían y realizaban de boca en boca. Este sistema funcionaba bien, ya que la palabra de un nórdico era su vínculo.

En el año 98 de la era cristiana, el general romano Tácito escribió *Germania*, su estudio de la cultura y las costumbres del norte de Europa, que ofrece el relato más antiguo de lo que se ha dado en llamar mitología vikinga (o nórdica). A través del comercio romano con Escandinavia, comprendió que estos pueblos adoraban a un panteón de dioses y diosas, algunos de los cuales podían compararse con las deidades romanas.

Tácito señaló que Odín (Woden) era el dios principal y que se le rendían sacrificios animales y humanos en un día concreto de la semana, el día de Woden, que vendría a ser el miércoles. Del mismo modo, Thor (o posiblemente el dios Tyr) era adorado el jueves, y Frigg (o Freyja) el viernes.

Alrededor de esta época, se estaban fabricando las primeras piedras rúnicas descubiertas. Los caracteres del Futhark se utilizaban generalmente para conmemorar y registrar detalles heroicos sobre la vida de los grandes y los buenos de las sociedades nórdicas. Sin embargo, la mayoría de las piedras rúnicas se tallaron en la época de la transición de Escandinavia al cristianismo y, por tanto, rinden homenaje a Jesús y a la Virgen María, en lugar de a Odín y Freyja. Hay un pequeño número de piedras paganas que dan una pequeña idea de la antigua religión.

La comprensión moderna de la mitología vikinga se basa principalmente en dos libros: la *Edda prosaica* y la *Edda poética*. Dado que Escandinavia era casi exclusivamente cristiana en la época en que se recopilaron estos textos, las historias habían evolucionado y se habían entrelazado con relatos y mensajes bíblicos, así como con una dispersión de otros mitos paganos. (En el prólogo de la *Edda prosaica*, por ejemplo, se relaciona a los dioses nórdicos con los héroes supervivientes a la caída de Troya).

La portada de una edición posterior de la *Edda prosaica* [1]

La *Edda prosaica* fue escrita por el historiador y político islandés Snorri Sturluson, probablemente en 1222 o 1223, como referencia para ayudar a los jóvenes poetas a comprender los complejos metros de la poesía escáldica primitiva y los mitos de la tradición oral escandinava. Consta de un prólogo y tres partes. En el *Gylfaginning* («El embaucamiento de Gylfi»), describe la visita de poesía escáldica Gylfi, rey de Suecia, a Asgard para interrogar a los dioses. Le explican su creación, muchas de sus hazañas y la profecía del fin de los días conocido como *Ragnarök* («Crepúsculo de los dioses»).

Aunque la *Edda prosaica* es el recurso más valioso, en el momento de su redacción, Snorri estaba inmerso en un intento de unificar Islandia y Noruega bajo el gobierno del rey Haakon IV Hákonarson. Ciertos pasajes de la *Edda prosaica* podrían verse como un intento de ganar corazones y mentes con una identidad cultural común.

La *Edda poética* fue escrita en la segunda mitad del siglo XIII. Es una colección de poesía mitológica compuesta a lo largo de la época vikinga. Ninguno de los poemas se atribuye a un autor y se cree que se trata de una antología. Aún se conservan varias versiones, incluido el atesorado *Codex Regius*, que incluye 31 poemas.

Estas fuentes proporcionan las historias de muchos dioses y diosas nórdicos en los que los vikingos confiaban para su guía y su bienestar. Además de supervisar las vidas de hombres y mujeres, estos seres místicos tenían que enfrentarse a sus propias pruebas y tribulaciones. Algunos de los temas más comunes incluyen la agotadora búsqueda de la sabiduría, el valor supremo del honor y el heroísmo, y la superación o ejecución de robos y engaños.

Había tres clanes, casas o razas de estos seres superiores. Aunque descendían de los mismos antepasados y mantenían relaciones entre clanes, eran notablemente diferentes en sus valores y sociedades. Con frecuencia se enfrentaban e incluso libraban guerras entre sí.

El panteón central y dominante (al menos para la humanidad) eran los æsir de Asgard. Los æsir eran dioses y diosas con cualidades para proporcionar inspiración, consuelo y temor a los vikingos que los veneraban.

Los æsir

Los æsir son conocidos a veces como los dioses del cielo. Son el panteón superior de dioses y diosas de la mitología vikinga y residen en Asgard. Son inmortales mientras sigan comiendo manzanas de oro guardadas por Idunn, la diosa de la primavera, la juventud y el rejuvenecimiento. Cuando fue raptada junto con su preciado cesto de manzanas por el *jotun* llamado Thiazzi, los habitantes de Asgard envejecieron y encanecieron hasta que fue rescatada y devuelta a su huerto. A diferencia de las deidades de otras religiones politeístas, las deidades nórdicas pueden ser asesinadas.

Estos dioses y diosas æsir poseen las cualidades admiradas y valoradas por los vikingos, y sus defectos y fragilidades podían, en su mayor parte, ser identificados, aceptados o comprendidos por la persona media. Los æsir están asociados a cualidades y preocupaciones humanas como la guerra, la fuerza y la sociedad. Hay muchos más dioses y diosas æsir con nombre que en el segundo panteón, el de los vanir, o los gigantes de las heladas jotun.

El principal dios æsir de la mitología nórdica era Odín (también conocido como Wōden en inglés antiguo, Wuotan en alto alemán antiguo y Wuodan en neerlandés antiguo). El «padre de todo» es el dios de la guerra y de los muertos. También es el dios de la sabiduría, la poesía y la magia. Es la figura central de la fe vikinga y gobierna el Valhalla, donde las almas de los grandes guerreros son acogidas tras su muerte. En su búsqueda del conocimiento, Odín suele conseguir amantes con las que engendra hijos.

Frigg, su siempre paciente esposa, es la reina de los æsir y la benévola diosa de la maternidad. Es la madre de Baldr, Hod y Hermod. En su obra, Snorri sugiere que Frigg no es reacia a alguna que otra aventura extramatrimonial. En la *Saga Ynglinga*, cuando Odín se ausentó de Asgard, dejó a sus hermanos, Vili y Vé, gobernar en su lugar. Durante ese tiempo, se acostaron regularmente con Frigg.

Thor (de la palabra protogermánica *thunraz*, que significa «trueno»), hijo de Odín y de la diosa jotun Jörð, es el poderoso dios del rayo y el trueno que empuña el martillo. Feroz guerrero, es resistente y poderoso. Con la ayuda de Mjölnir, su martillo encantado, es incluso capaz de volar. En algunos de los mitos, es susceptible a las artimañas y ha sido descrito prosaicamente como un «cabeza hueca». Sin embargo, estas historias aportan humor y la sensación de que al menos uno de los æsir no es tan diferente de la humanidad. Por ello, se lo considera amigo del hombre.

Sif, la esposa de Thor, es una diosa de la tierra y de la familia. Es conocida por su belleza y, en particular, por su maravillosa cabellera dorada. Su hijo Ullr (hijastro de Thor) es un dios especialmente apuesto asociado con el esquí y el invierno. Thrúd («fuerza»), hija de Sif y Thor, es la diosa de la batalla. Modi («ira»), su hijo, es el dios de la ira y estuvo estrechamente relacionado con los temibles y feroces guerreros nórdicos conocidos como *berserkers*. Magni («poderoso»), hijo de Thor con la jotun Járnsaxa («daga de hierro»), es un gran guerrero.

El hermanastro de Thor, el divino Baldr («príncipe»), parecido a Galahad, no es tan fácil de relacionar con su bondad innata, su luz y su incesante alegría. Nanna («madre»), su esposa, está asociada con la maternidad y es devota de su maravilloso marido. En algunos mitos daneses, era originalmente humana y la amante de Höðr («guerrero»), el hermano ciego de Baldr. La hermana de Nanna, la gentil Lofn («consoladora»), es la diosa del amor prohibido, el adulterio y los matrimonios secretos, a la que Odín y Frigg permiten bendecir los matrimonios que han sido prohibidos. Otra hermana, la fiel Snotra («inteligente»), sirve a Frigg y se asocia con la autodisciplina y la cautela. La cuarta hermana, Sigyn («amiga de la victoria»), es la sufrida esposa de Loki y madre de Narfi y Váli. Es la diosa de la bondad, la paciencia y la devoción.

Otras diosas son Eir («misericordia»), que supervisa la medicina y los partos, y vive con sus curanderos en Lyfjaberg, una colina donde esperan ofrendas humanas de *blót* a cambio de su atención. Gefjun («generosa») es una diosa de la agricultura, en particular de la cosecha, y Syn («rechazo») es otra sierva de Frigg. Se la asocia con el rechazo, la negativa y la imposición de límites.

Fulla («plenitud»), que también atiende a Frigg y es responsable de sus joyas y calzado, es la diosa de los secretos. La *Edda prosaica* cuenta que Sjöfn, la diosa del afecto y la amistad, es otra dedicada compañera de Frigg. Hlin (en nórdico antiguo «protectora») se representa a menudo con una espada y un escudo. Proporciona refugio a aquellos que Frigg decide salvar y es la diosa de la compasión, el consuelo y el apoyo. Gná, la diosa de la transición y el cambio del viento, actúa como mensajera de Frigg y cabalga sobre los mares en el caballo volador Hófvarpnir («Lanzador de pezuñas»).

Tyr, otro de los hijos de Odín, es el dios de la justicia y la resolución, mientras que la diosa Var se encarga de supervisar las promesas y los acuerdos, con el poder de castigar a aquellos que rompen sus juramentos. Forseti, hijo de Baldr y Nanna, es el dios de las negociaciones pacíficas. Supuestamente, tenía un tribunal en el que resolvía las disputas con una flor itura de su hacha dorada. El dios Bragi es el herrero y poeta de Asgard. Es el esposo de Idunn.

Los vanir

Los dioses y diosas vanir proceden de Vanaheim, un mundo natural de belleza infinita. Es un mundo de bosques verdes y extensiones de aguas claras y tranquilas. Los vanir están asociados principalmente con la fertilidad y la magia. Las mujeres vanir practican el *seidr* (también escrito como *seiðr* o *seidr*), un medio espiritual de curación y profecía capaz de influir en el futuro. Los vanir son seres etéreos e introspectivos. Dado que se conocen menos deidades vanir que las de los æsir, es posible que la mayoría de sus historias se hayan perdido para siempre.

Aunque las casas de los æsir y los vanir conviven pacíficamente, no siempre fue así. Hubo un largo periodo de guerra que comenzó cuando la diosa vanir Gullveig visitó Asgard. Odín y algunos de los otros dioses sintieron una intensa aversión hacia ella porque solo le importaban el oro y las riquezas. Al cabo de un tiempo, les dio tanto asco que la atacaron con lanzas y luego la arrojaron al fuego. Cuando parecía que se había consumido hasta desaparecer, salió de entre las llamas, renacida. Entonces, intentaron quemarla de nuevo, pero ocurrió lo mismo. Sobrevivió a un tercer incendio, y eso bastó para que los æsir creyeran que tenía poderes de bruja.

Como era de esperar, los dioses y diosas vanir se horrorizaron ante este trato a uno de los suyos y juraron vengarse de los æsir. Odín, desde su trono que todo lo ve (Hlidskjalf), vio que los vanir se preparaban para luchar, así que les apuntó con su lanza. Este fue el comienzo de la primera guerra del mundo, al menos según los vikingos.

Los vanir utilizaron magia y hechizos para luchar contra los æsir, que contraatacaron con armas. Después de mucho tiempo, quedó claro que ninguno de los dos bandos estaba cerca de la victoria, por lo que los líderes se reunieron para intentar resolver el camino a seguir. Tras discutir sobre los orígenes de la guerra, airear sus quejas sobre los diversos métodos empleados y reclamar que se les debían reparaciones, los dos grupos acordaron que sería mejor que las dos casas se integraran para poder vivir en paz y unificadas. Dos de los líderes vanir, Njörd y su hijo Freyr, llegaron a Asgard. Los acompañaba la hija de Njörd, Freyja. Los æsir enviaron al más sabio de sus dioses, Mímir («el recordador» o «el sabio») y a Hœnir a Vanaheimr.

Para sellar el final de la guerra æsir-vanir, cada uno de los dioses y diosas escupió en una vasija en un gesto solemne para unir a las dos casas. Esto creó al dios de la poesía, la diplomacia y la inspiración: Kvasir. Aunque era igualmente un æsir, se lo asocia más con los vanir, quizá por su carácter de otro mundo y su propensión a vagar y vagar mientras compartía su sabiduría.

Al principio, los vanir dieron la bienvenida a sus representantes æsir. Incluso hicieron de Hœnir uno de sus líderes. Sin embargo, como siempre difería con el sabio Mímir, empezaron a sospechar y pensaron que tal vez los æsir los habían engañado. Cuando sus dudas se convirtieron en ira, apresaron a Mímir y le cortaron la cabeza. Enviaron la cabeza a Odín. El sabio dios envolvió la cabeza en hierbas especiales y le dirigió encantos hasta que estuvo lo suficientemente encantado como para hablar con él y compartir sus secretos.

Njörd («fuerza» o «poder») era el dios del mar, la pesca y el clima templado. Según la *Saga Ynglinga*, se casó con su propia hermana (sin nombre), que se convirtió en la madre de sus dos hijos. Tras su segundo matrimonio con la doncella jotun Skadi («sombra»), la pareja abandonó Asgard para vivir en el salón del padre de Skadi en las montañas nevadas. Solo hicieron falta nueve noches para que Njörd se diera cuenta de que no podía soportar los sombríos e interminables inviernos y los aullidos de los lobos. Así que regresaron a su salón de Noatun, junto al lago. A Skadi le resultó igual de difícil establecerse allí, así que después de otros nueve días, acordaron separarse. Skadi —una diosa asociada con el esquí— se convirtió más tarde en una de las amantes de Odín.

Freyja («dama») es la icónica deidad femenina vikinga asociada a la fertilidad, la belleza, el amor y la guerra. Ella acoge a los soldados ordinarios muertos en batalla en su salón, Fólkvangr, donde pueden disfrutar de un entorno encantador y sereno mientras los señores de la guerra y los héroes se dan un festín en el Valhalla. No se la suele representar con un arma, pero posee el *fjaðrhamr*, un maravilloso manto hecho de plumas de halcón que permite a su portador volar o transformarse en la forma de un halcón.

Como Freyja es la diosa del amor libre y la promiscuidad, se dice que tuvo relaciones con todos los dioses, incluido su hermano. Su marido, el dios vanir Ódr, está asociado con la imprudencia y la locura. Prefiere llevar una vida solitaria, vagando de un lugar a otro, para disgusto de su esposa. Freyja pasa gran parte de su tiempo buscándolo disfrazada, mientras llora lágrimas de oro. Comparten dos hijas: Hnoss («joya»), diosa de la lujuria y el deseo, y Gersemi («tesoro»), asociada con el adorno, los objetos preciados y la amistad.

El hermano de Freyja y su gemelo (al menos en algunos relatos) es Freyr («señor»), el dios del tiempo soleado, la prosperidad y la fertilidad. Se cree que es uno de los dioses vikingos más populares; hay muchos artefactos que llevan su semejanza. Desde el alto asiento de Odín, Hlidskjalf, Freyr ve y se enamora de la jotun Gerd. Decidido a ganar su mano, le regala algunas de las manzanas de Idunn. Finalmente, ella se casa con él, pero solo después de que él le haya regalado su espada encantada que puede luchar por sí sola. La *Saga Ynglinga* cuenta que su hijo, Fjölnir, se convirtió en un antiguo rey de Suecia.

Freyr monta un jabalí dorado que puede verse en la oscuridad. Este animal recibe el nombre de Gullinbursti («cerdas doradas»). También tiene un barco mágico que siempre encontrará un viento favorable para sus velas y no necesita amarre, ya que se puede plegar para que quepa en su bolsillo. Además, tiene tres leales sirvientes llamados Skírnir, Byggvir y Beyla.

Nerthus es otra diosa vanir asociada con la fertilidad y el nuevo crecimiento. Es posible que sea hermana de Njörd (y madre de Freyr y Freyja), pero esto no es nada seguro. Su historia es misteriosa y vaga, pero se sabe que las primeras tribus del norte de Europa la tenían en gran estima. Incluían un carro cubierto de blanco dedicado a ella en una procesión itinerante.

Gullveig («ebria de oro» en nórdico antiguo), cuya tortura fue la causa de la guerra æsir-vanir, es una hechicera vanir, vidente y diosa del oro y los metales preciosos.

El jǫtnar

Jötunheim es tradicionalmente el hogar de una gran tribu (o tribus) llamada jǫtnar (singular jotun). Tienen una fuerza sobrehumana y a veces se los describe como gigantes de escarcha, aunque en otras leyendas se los describe con una estatura similar a la de los humanos. (Hubo algunos matrimonios entre los habitantes de Asgard y los de Jötunheim, por lo que generalmente se asume que eran de una altura/especie similar). Su reino se describe como un páramo invernal y remoto, con altas montañas y bosques densos e inhóspitos en los que resuenan los aullidos de los lobos.

En los primeros relatos, los jǫtnar suelen ser muy sabios e inteligentes, pero tienen valores diferentes a los de los æsir y los vanir. Probablemente debido a la influencia del cristianismo, se convirtieron en criaturas horribles y monstruosas que eran malévolas, pero a menudo fáciles de burlar. Con el paso del tiempo, muchos folcloristas creen que el concepto de los jǫtnar evolucionó hasta convertirse en los trols escandinavos que habitan en las montañas y que son protagonistas de muchos cuentos de hadas modernos.

Algunas de las primeras jǫtnar eran muy bellas, como Gerd, la esposa del dios vanir Freyr. En *Skírnismál* (un poema de la *Edda poética*), Gerd es descrita como extraordinariamente hermosa, su belleza iluminaba el aire y los mares. Tras su matrimonio, se convirtió en una de las diosas de Asgard, representando la fertilidad y el amor terrenal. Hrodr, la amable giganta, esposa de Hymir, amiga de confianza de Odín y Thor, y (en algunas historias) madre de Tyr, es otra atractiva jotun. Vor (o Vörr), la sierva de Frigg, era originaria de Jötunheim. Antes de la guerra æsir-vanir, era una de las confidentes de Odín y le proporcionó algunos consejos útiles. Después de jurar lealtad a los æsir, se convirtió en la diosa de la verdad y la profecía.

Beli («bramador») es el hermano de Gerd. En *Gylfaginning*, Freyr se ve obligado a luchar contra él para conseguir la mano de Gerd. Sin embargo, tiene que luchar contra Beli sin ningún arma, puesto que ya ha regalado su espada. Al final, Freyr consigue matar a Beli con un cuerno de ciervo.

Thrym es nombrado el poderoso rey de Jötunheim. Es el gigante de hielo, dios del frío y del hielo. En una humorística historia sobre Thor, el poderoso dios del trueno, que intenta recuperar su martillo que Thrym ha robado (o encontrado), se describe el magnífico salón de Thrym, así como el magnífico festín que espera a sus invitados.

Ægir, el dios jotun del mar y de la elaboración de la cerveza, es un generoso anfitrión en los grandes banquetes que se celebran en su fantástico palacio bajo el mar. A estos banquetes asisten y disfrutan los dioses de los æsir. Su esposa, la diosa jotun Rán, también personifica el mar, pero es mucho más siniestra, cruel y poco acogedora. Tiene fama de atraer a los marineros a la muerte con una red encantada que utiliza para arrastrarlos bajo las olas. En algunos de los mitos islandeses, ella organiza sus propios festines para los ahogados en el mar, siempre que sean capaces de pagar sus gastos. Con el tiempo se convirtió en costumbre que los vikingos se aseguraran de llevar algo de oro mientras estaban en el mar para poder pagar a Rán en caso necesario. Ægir y Rán comparten un hijo, Snær, el dios de la nieve, y nueve hijas, las olas del mar. Generalmente, se considera que estas son las madres colectivas del dios con dientes de esmeralda, Heimdal, cuyo padre es Odín. Heimdal (o Heimdall) estaba dotado de previsión y se le encomendó el papel vital de custodiar el puente arcoíris encantado llamado Bifröst.

Los jǫtnar no son tanto enemigos de los dioses de los æsir como aliados. En Asgard, las deidades se esfuerzan por crear orden y claridad para sí mismas y para la humanidad. Inevitablemente, de vez en cuando se producen choques y conflictos, que no siempre son culpa de los jǫtnar. Sin embargo, es importante recordar que hubo varias relaciones y matrimonios entre ellos, la mayoría de los cuales dieron lugar a hijos.

Capítulo cuatro: El cosmos nórdico: el amanecer de los tiempos

Según la religión de los vikingos, en el principio —antes de la vida misma— no había nada. Este enorme vacío (según *Grímnismál* en la *Edda poética*) se conocía como Ginnungagap. Al norte de esta oscura extensión de nada, surgió con el tiempo una fuente o pozo llamado Hvergelmir. Sus aguas proporcionaron los medios para el crecimiento de Yggdrasil, el colosal fresno.

El fresno era un árbol muy conocido por los vikingos. Crece rápidamente con suficiente agua y puede madurar hasta convertirse en un árbol alto en una década. Su madera fue utilizada por los constructores navales y ebanistas nórdicos. La madera de fresno es flexible, resistente a los golpes y tiende a no partirse, por lo que esta especie de árbol fue la elección natural para Yggdrasil, el árbol del mundo.

Una ilustración de Yggdrasil [2]

Las raíces de Yggdrasil se extendían hasta las mismas profundidades de Ginnungagap, llegando finalmente al pozo de Urd, donde residen las tres *nornas* (o *nornir*). Las nornas se describen en *Völuspá* (el poema más conocido de la *Edda poética*) como Urd (el pasado), Verdandi (el presente) y Skuld (el futuro). Estas tres hermanas jötnar tienen el poder de influir en el destino. Urd, la mayor, es una anciana marchita que siempre mira al pasado. Verdandi es joven y mira al frente con una mirada fuerte y firme. Estas dos hermanas tejen juntas el destino mientras Skuld, la más temible y que está completamente velada, desgarra periódicamente su tejido, sumiendo el cosmos en el caos y la confusión. Las tres también tallan runas en Yggdrasil que predicen el futuro.

En el *Grímnismál*, Yggdrasil se imagina de forma diferente. Tiene tres grandes raíces:

«Neath la primera vive Hel,

Neath el segundo los gigantes de escarcha,

Bajo el último están las tierras de los hombres»[i].

Cada una de las tres raíces tomaba agua de su propio pozo: Urðarbrunnr atendido por las nornas, las aguas de la creación de Hvergelmir, y Mímisbrunnr, el pozo de la sabiduría.

En la base de Yggdrasil, varias serpientes evolucionan y se deslizan junto al dragón, Níðhöggr (o Nidhogg), que muerde y mastica las raíces para causar daños al árbol.

El exceso de agua que fluía de Hvergelmir formó el reino helado y brumoso de Niflheim y once ríos de agua helada llamados colectivamente Élivágar. Al mismo tiempo, la parte meridional de Ginnungagap comenzó a calentarse cada vez más hasta convertirse en Muspelheim, un ardiente horno de llamas, espeso humo negro y lava.

Este calor furioso comenzó a calentar el yermo helado de Niflheim hasta que cayeron pequeñas gotas de agua descongelada. Al caer sobre Muspelheim, crearon chispas que volaron hacia la oscuridad para crear estrellas.

Cuando el fuego y el hielo empezaron a unirse, generaron una bola de energía que dio lugar a la creación del primer ser, Ymir («gritón»), un jotun. Una versión alternativa de este mito es que las chispas esgrimidas

---

[i] La *Edda poética*. Traducido por Carolyne Larrington. Snorri Sturluson. Oxford University Press, 2014.

por la espada flamígera del gigante de fuego Surtr («el moreno») crearon los cuerpos celestes y propiciaron las condiciones para la creación de Ymir.

En otra versión de esta historia, de *Gylfaginning* en la *Edda prosaica*, Ymir no es producto de la fusión de los elementos, sino que nació del veneno «fermentado» llamado *eitr*, que se encuentra en las aguas de Élivágar:

>«De Élivágar cayó veneno,
>
>y creció hasta convertirse en un gigante;
>
>y de ahí surgió nuestra raza de gigantes,
>
>y así de feroces nos encontramos»[i].

Al mismo tiempo, se creó la inmensa vaca primordial Audhumla (Auðumla, «destructora de desiertos»). El *Gylfaginning* explica que esta vaca sin cuernos, similar a las que los granjeros del norte de Europa habían criado desde la prehistoria, proporcionó cuatro ríos de leche que alimentaron a Ymir mientras ella lamía el limo del hielo superficial para su propio sustento.

Suficientemente alimentado, Ymir descansó. De cada una de sus axilas surgieron un ser masculino y otro femenino. De sus piernas surgió un monstruo de seis cabezas. Estos fueron los antepasados de los jǫtnar.

Mientras tanto, a medida que Audhumla lamía el hielo, su cálida lengua lo descongelaba. El primer día, dejó al descubierto el cabello del primer dios, que se había formado bajo el hielo. El segundo día, su cabeza quedó al descubierto, y al tercer día, se pudo ver su cuerpo. Su nombre era Búri («productor»). Fue el primero de los æsir y era (según el *Gylfaginning*) «de rasgos hermosos, grande y poderoso». Así pues, Audhumla tuvo un papel esencial en la formación tanto de los æsir como de los jǫtnar.

Búri tuvo un hijo (por medios desconocidos o inexplicables) llamado Borr («barrenador»). Mientras soñaba, Búri tuvo una visión de que los jǫtnar eran malvados, así que él y su hijo se dispusieron a librar al mundo de Ymir y sus descendientes. Sin embargo, a medida que caía la noche, la lucha terminaba sin que ninguno de los dos bandos lograra una victoria sobre el otro.

---

[i] La *Edda prosaica - Cuentos de la mitología nórdica*. Traducido por Jesse Byock. Snorri Sturluson. Penguin Classics, 2005.

Borr se casó con una jotun llamada Bestla («esposa»), hija del gigante Bölthorn («espina maligna»). Tuvieron tres hijos: Odín, Vili («voluntad») y Vé («deseo»). Juntos, los hermanos mataron a Ymir (su bisabuelo materno) tras vencer finalmente a su enemigo en la batalla. De las heridas del viejo gigante manó tanta sangre que todos los jǫtnar se ahogaron en ella, a excepción de Bergelmir («gritón de la montaña»), que se convertiría en el antepasado de las futuras generaciones de gigantes de las heladas.

Odín, Vili y Vé llevaron entonces los restos de Ymir al centro de Ginnungagap para crear el mundo. En el poema *Grímnismál*, Odín recuerda cómo la sangre de Ymir se convirtió en los mares; sus huesos, en colinas y montañas; sus dientes, en rocas, piedras y grava; sus músculos y su piel, en arena y grava, y su pelo, en los árboles.

Los hermanos tomaron su cráneo y lo colocaron sobre el mundo para formar los cielos. Cuatro enanos llamados Nordri, Sudri, Austri y Vestri (las direcciones de las brújulas están tomadas de estos cuatro) tomaron las cuatro esquinas y lo mantuvieron en alto. Capturaron algunas de las chispas que volaban del horno arremolinado de Muspelheim y las lanzaron a los cielos recién creados y crearon el sol, la luna y las estrellas para que su nuevo mundo ya no estuviera velado por la oscuridad.

Temiendo que los jǫtnar se acercaran a este reino con malas intenciones, Odín, Vili y Vé tomaron las cejas de Ymir y las formaron en un límite para rodear el mundo y mantenerlo a salvo.

Una vez que estuvieron satisfechos de que su trabajo estuviera completo, los hermanos se dispusieron a crear las primeras personas que vivieron allí. Tallaron un hombre y una mujer a partir de dos troncos de árbol que encontraron tirados en la playa. Odín les insufló vida. Vili les dio sangre y la capacidad de ver, oír, hablar y razonar, así como una complexión sana. Para no ser menos, Vé les dio ropa adecuada.

Sin embargo, en la *Edda poética*, Odín, Hœnir y Lódurr encontraron a los humanos ya creados, vagando sin sentido ni medios de comprensión. Odín los dotó de su capacidad mental, Hœnir les dio sangre y Lódurr ordenó sus complexiones. Puesto que Hœnir y Lódurr no se vuelven a mencionar y se sabe tan poco de ellos, el primer relato (la *Edda prosaica*) es la versión que generalmente se prefiere.

Los hermanos llamaron al hombre Ask («fresno» en nórdico antiguo) y a la mujer Embla («olmo» o quizá «vasija de agua» o «vid»). Los humanos comenzaron una vida pacífica en la recién creada Midgard. Después de pasar algún tiempo vagando y explorando su hábitat, encontraron una morada ya construida y esperándolos. Se instalaron allí y domesticaron a los animales más dóciles. También tuvieron varios hijos.

A medida que Midgard se iba poblando con sus descendientes perfectos, Odín nombró a Ask y Embla gobernantes del reino. Con el paso de los años, los jǫtnar, los elfos y otros seres llegaron a Midgard disfrazados de humanos y tuvieron hijos con los nativos. Las generaciones posteriores se vieron corrompidas por la crueldad y la maldad asociadas a esos seres.

La historia de la creación del sol y la luna, así como la explicación de su movimiento, se relata en el *Gylfaginning*. Gylfi, un antiguo rey de Suecia que viajó a Asgard en busca de conocimiento, se encontró con Hárr («alto»), Jafnhárr («igual de alto») y Thridi («tercero»), seres místicos de los æsir. Es posible que estas tres deidades fueran Odín y sus hermanos Vili y Vé, pero también podrían haber sido todos Odín. El rey Gylfi se entera de que el sol corre por el cielo porque un lobo salvaje, Sköll, lo persigue, dispuesto a devorarlo. Del mismo modo, la luna es perseguida por otro lobo, Hati.

Los lobos persiguiendo a Sól y Mani [8]

Estos monstruos son hijos de una giganta llamada Hródvitnir, que vive muy al este de Midgard y ha dado a luz a muchos gigantes con aspecto de lobo. En otros relatos, Sköll («sombra») y Hati («odio») son hijos de Fenrir (el hijo de Loki y la giganta Angrboda). Nacieron en el bosque de Járnvidr («madera de hierro»). Dado que su madre podría haber sido también su abuela paterna, este linaje podría explicar su frenética sed de sangre.

Las deidades del sol y la luna, Sól y Máni, respectivamente, eran originalmente humanas, según la *Edda poética*. Cuando su padre, Mundilfari, les puso arrogantemente el nombre de los venerados cuerpos celestes, los æsir las hicieron desterrar a los cielos. En una versión más caritativa, los æsir apreciaron su belleza y les concedieron el gran honor de servir a los dioses.

A estas dos hermanas se les encomendó la poco envidiable tarea de guiar al sol y a la luna a través del cielo cada día. Sól tira del sol en un carro arrastrado por dos caballos llamados Árvakr («veloz») y Álsvidr («madrugador»). Junto a ella, en el carro, viaja un hombre llamado Svalinn, que sostiene en alto un escudo para proteger a los habitantes de Midgard de la fuerza de los rayos solares.

En el *Gylfaginning*, Máni «guía el camino de la luna y controla su creciente y menguante». Le siguen dos niños más pequeños, Hjúki («el que cobra fuerza») y Bil («el menguante»), que habían ido a buscar agua al pozo de Byrgir. Estos dos son casi con toda seguridad el origen de Jack y Jill de la fama de las rimas infantiles.

Los mitos nórdicos de la creación comparten varios conceptos con otras culturas. El Yggdrasil central y omnipresente es similar a la higuera sagrada Aśvattha de las escrituras hindúes, al árbol sagrado de *Erica* en el que se encuentra el cuerpo de Osiris en la mitología egipcia y al árbol Bodhi (baniano) que aportó la iluminación a Buda. También está el Árbol de la Vida en el Jardín del Edén. Además, las deidades sagradas de las vacas como Audhumla aparecen en los antiguos mitos egipcios (como la diosa Hathor) y en el hinduismo como Kamadhenu, la Madre Divina. La historia de los dos primeros progenitores masculino y femenino es la base de la mayoría de las religiones y mitos de la creación a lo largo de la historia del mundo.

Por supuesto, debemos recordar que las fuentes escritas de las que dependemos para los mitos nórdicos (incluidas la *Edda poética* y la *Edda prosaica*) se produjeron mucho después de la difusión del cristianismo, por lo que es probable que algunas de estas historias sean bastante diferentes de las versiones originales.

Capítulo cinco: Yggdrasil y los nueve reinos

Las enormes ramas del árbol del mundo Yggdrasil, apodado el «más noble de los árboles» por Odín en el *Grímnismál*, alcanzan gran altura. Un águila gigante está posada en el punto más alto del árbol. En el pico del águila y entre sus ojos se asienta el halcón, Vedrfölnir («pálido de tormenta»). Juntos, vigilan los nueve reinos del cosmos nórdico.

El temible dragón Nidhogg, enroscado en las raíces de Yggdrasil, envía a una ardilla llamada Ratatoskr («el viajero») a proferir horribles insultos al águila, que extiende sus alas y las agita con furia, haciendo temblar el árbol. El águila envía mensajes incendiarios de vuelta a Nidhogg, agitándolo de tal forma que se retuerce de furia. Esto ayuda a explicar condiciones como los vientos huracanados (por las alas del águila) y los temblores de tierra (por el movimiento de la serpiente). En el poema *Grímnismál* de la *Edda poética*, Odín revela que hay más serpientes «de las que cualquier simio insensato pueda imaginar» viviendo bajo las raíces de Yggdrasil y que el viejo árbol «sufre una agonía mayor de la que los hombres conocen» al soportar el veneno de las serpientes y el roer interminable de su corteza por cuatro ciervos llamados Daínn, Dvalinn, Duneyrr y Duraþrór.

Las tres nornas, además de tejer los destinos de todos los seres, cuidan del árbol y le lavan cualquier daño y herida con aguas de su pozo sagrado de Urðarbrunnr («pozo de los destinos»). En su búsqueda de la sabiduría, Odín visita a las nornas para intentar comprender sus conocimientos y aprender de sus runas, los poderosos símbolos que componen el alfabeto sagrado germánico antiguo y que encierran los secretos y misterios del universo. En la poesía escáldica, estas runas encierran la clave para manejar la magia.

Los nornas tallan el destino de todos los seres en las raíces de Yggdrasil utilizando el alfabeto rúnico sagrado. Mientras Odín las observa trabajar, siente cada vez más envidia del poder y el conocimiento que poseen. Cuando les ruega que compartan su sabiduría, los nornas le dicen que solo se revelarán a aquel que sea digno. Entonces, Odín se ve obligado a tomar medidas drásticas para obtener el conocimiento místico que ansía.

Tras empalarse con su lanza, se cuelga de las ramas de Yggdrasil durante nueve días, insistiendo en que nadie debe ayudarlo ni traerle comida. Durante nueve días, mira fijamente las runas y espera la iluminación. En el poema *Hávamál*, recuerda:

«Creo que me colgué del árbol ventoso,

colgado allí durante nueve noches enteras; y ofrecido estaba,

a Odín, yo a mí mismo,

en el árbol que nadie conozca

qué raíz por debajo corre.

Ninguno me hizo feliz ni con un pan ni con un cuerno,

y allí abajo miré;

cogí las runas, chillando las tomé,

e inmediatamente caí de espaldas».

Su sacrificio tiene éxito. Al noveno día, las runas se le revelan por fin. Tras comprenderlas, imparte a otros los conocimientos que ha adquirido durante su incesante peregrinar.

Sobre el gran árbol Yggdrasil hay nueve reinos, incluido el mundo humano fortificado que es Midgard. El concepto de estos reinos se refuerza con frecuencia tanto en la *Edda poética* como en la *Edda prosaica*, pero nunca se enumeran o definen de forma exhaustiva, por lo que se ha dejado en manos de eruditos y mitólogos la tarea de determinar con exactitud cuáles eran estos reinos. Así pues, existe cierta ambigüedad. Teniendo en cuenta que hay algunos mundos que se solapan y la mención de otros mundos posibles, se acepta ampliamente que los nueve reinos son Asgard, Vanaheimr, Álfheim, Midgard, Svartálfheim, Jötunheim, Niflheim, Muspelheim y Helheim.

Asgard es el reino de los æsir. Según la *Edda prosaica*, está en el centro del mundo y rodeado por Midgard, el mundo humano, con Jötunheim más allá, lo que sugiere que los nueve reinos pueden haber sido algún sistema de discos concéntricos, con Yggdrasil como una especie de eje vertical en el centro.

Según el *Völuspá*, Asgard sufrió muchos daños durante la guerra con los vanir y tuvo que ser reconstruida. El *Grímnismál de* la *Edda poética* cuenta la historia de un jotun disfrazado de maestro de obras (en algunos relatos, da su nombre como Borgarsmidr). Se acerca a los æsir con la oferta de reconstruir Asgard durante tres inviernos a cambio del sol, la luna y la diosa Freyja. Los dioses aceptan, a pesar de la negativa absoluta de Freyja a cooperar con semejante trato. Sin embargo, exigen que se complete en un año, creyendo que este objetivo inalcanzable permitiría reconstruir Asgard sin la posibilidad de perder los cuerpos celestes y a Freyja. El jotun acepta estas condiciones y se pone manos a la obra. Su poderoso semental, Svadilfari («viajero desafortunado»), mueve los grandes peñascos para ayudarle, y él trabaja como un poseso. Pronto queda claro que el constructor está en plazo para terminar dentro del año.

Horrorizados, los æsir se dan cuenta de que tendrán que hacer algo para frenar su avance y piden ayuda a Loki, el dios embaucador y solucionador oficioso de problemas. Loki, un cambiaformas, se transforma en una bonita yegua con la esperanza de distraer a Svadilfari. El semental pierde rápidamente el interés por ayudar a su amo. Al no poder confiar ya en la fuerza bruta del caballo, la construcción se ralentiza. Cuando el constructor se da cuenta de que está condenado al fracaso, pierde los estribos y se revela como un jotun, un enemigo de los æsir. Thor lo mata rápidamente con su martillo, Mjölnir. En otra versión de este mito, el constructor fue empleado para construir un gran muro fortificado alrededor de Asgard en lugar de la propia ciudadela.

Loki distrajo bastante a Svadilfari y acabó cargando con Sleipnir («resbaladizo»), el caballo de ocho patas que podía viajar por el aire y sobre el agua. También se ha sugerido que las ocho patas recuerdan a los portadores de féretros que llevan a los muertos, posiblemente porque Loki regaló el caballo a Odín, el dios de los muertos.

Odín y Sleipnir de un manuscrito islandés del siglo XVIII'

Iðavöllr («llanura del esplendor»), mencionada dos veces en los *Völuspá*, está en el centro de Asgard. En ella, «Santuarios y templos entramaron en alto; fraguas pusieron, y herrerías mineralizaron, tenazas forjaron, y herramientas modelaron». Allí está Gladsheimr («hogar brillante»), que, según el *Gylfaginning*, es un lugar de reunión para los æsir con trece asientos altos, donde los dioses se reúnen para celebrar consejo —quizá recuerde un poco a la Mesa Redonda del rey Arturo en la mitología antigua inglesa. En el *Gylfaginning*, se describe como «un templo en el que había asientos para los doce, aparte del asiento alto del padre de todos. Es la morada más grande y mejor de la tierra; por fuera y por dentro es como el oro puro». Vingólf, «un edificio muy hermoso», es el salón y lugar de reunión de las diosas de Asgard. También se encuentra en esa llanura. La sala de Baldr, Breidablik, es la más bella de las moradas de los dioses: *Gylfaginning* afirma que «en ese lugar no puede haber nada impuro». El hijo de Baldr y Nanna, Forseti, el dios de la justicia, tiene su propia sala plateada y dorada llamada Glitnir («brillante»), que también se utiliza como tribunal para los æsir.

Asgard alberga también la gran sala de Odín, el Valhalla, y la sala de Freyja, Sessrúmnir, donde residen las almas de los héroes y guerreros humanos. Hay varios otros salones y moradas en Asgard. El propio Odín tiene varios salones. El Valaskjálf («estante de los muertos») tiene un techo de plata brillante y una torre alta en la que Odín tiene su trono que le permite ver los nueve reinos.

La sala de Thor, Bilskirnir, se describe como la más grande de los nueve reinos y cuenta con más de 540 habitaciones. La segunda sala más grande es Landvidi, la sala del dios Vidar. Vive allí con su madre Gridr. Está descuidado y cubierto de hierbas salvajes. El dios de la arquería, Ullr, tiene una casa cerca del bosque de Ýdalir («valles de tejo»), donde puede ir a recoger las mejores ramas para sus arcos y flechas.

La reina de los æsir, Frigg, la esposa de Odín, tiene un salón llamado Fensalir («salones Fen») en los humedales de Asgard. Njörd, el dios vanir que estableció su hogar en Asgard tras el acuerdo de paz, tiene una sala llamada Noatun («lugar de los barcos») al borde del mar. Allí vela por los marineros y pescadores. Sökkvabekkr («bancos hundidos»), la sala de Saga, la hospitalaria diosa de la segunda vista, es un lugar «donde fluyen las frescas olas, y en medio de su murmullo se alza; allí beben a diario Odín y Saga, con alegría de copas de oro»[i].

---

[i] La *Edda Poética*. Traducido por Carolyne Larrington. Snorri Sturluson. Oxford

Entre Asgard y Midgard se encuentra el Bifröst, un puente arcoíris en llamas encantado que se extiende desde Asgard hasta el reino humano de Midgard. Según el *Grímnismál*, Heimdal, guardián del puente y dios que necesita dormir menos que un pájaro, tiene allí «su casa bien construida».

En la *Edda prosaica* (concretamente, en la *Gylfaginning*), hay más información sobre el Bifröst. Fue construido por los dioses «con arte y habilidad en mayor medida que otras construcciones» y consta de tres colores. Todos los días, los dioses lo atraviesan a caballo, salvo Thor, que vadea las aguas hirvientes del río Körmt para llegar a Urðarbrunnr, donde discuten el orden del día.

El reino de los vanir, Vanaheimr, no se describe con gran detalle en las Eddas. Se cree que es un mundo forestal templado y exuberante, más bien cubierto de maleza, un lugar más natural que la ordenada ciudad de Asgard. En el *Lokasenna* de la *Edda poética*, Loki afirma que el dios vanir Njörd llegó a Asgard por el este, lo que indicaría que el reino de Vanaheimr está situado en algún lugar al oeste.

El tercer reino en el nivel más alto del cosmos es Álfheim («hogar de los elfos»), también llamado Ljósálfheimr o Álfheimr. Es el hogar de los Ljósálfar («elfos de la luz»). Estos seres están estrechamente asociados con los vanir y son «más bellos que el sol», según la *Edda prosaica*. El dios Freyr gobierna Álfheim; le fue regalada cuando era niño.

Midgard («recinto del medio») es el reino de los humanos. Fue creado por Odín y sus hermanos a partir del cuerpo del gigante Ymir. Es el mundo intermedio entre los reinos celestiales y ordenados y los del mal y el caos.

Los svartálfar («elfos morenos»), a veces conocidos como dökkálfar («elfos oscuros»), habitan Svartálfheim («hogar de los elfos morenos»), también conocido como Nidavellir o Myrkheim[i]. Es el reino de los enanos. Es un terreno oscuro, sombrío y poco acogedor, con grupos de cavernas subterráneas bajo raíces retorcidas y nudosas. Está por debajo de Midgard y por encima de Helheim en el Árbol del Mundo.

Jötunheim («mundo de los gigantes») es el reino de los jǫtnar o gigantes de escarcha. Las descripciones pintan un cuadro de montañas inmensamente altas y bosques vastos y oscuros. No es un lugar

---

University Press, 2014.

[i] La mayoría de las fuentes utilizan svartálfar y dökkálfar indistintamente, pero algunas fuentes afirman que son independientes.

especialmente hospitalario, al menos para los æsir, los vanir o los humanos. A veces se hace referencia a él como Útgardr («más allá del cerco» o «recinto exterior»), lo que apoya la teoría de que los reinos son círculos concéntricos con Yggdrasil como eje central. Sin embargo, también se ha sugerido que Útgardr es algún tipo de asentamiento importante —una especie de capital— de este reino.

Niflheim («mundo de niebla»), el primero de los dos reinos primordiales que existieron antes de que comenzara la vida, es una tierra helada y congelada de niebla y oscuridad donde comenzó la creación. A veces se confunde con Helheim, que gobierna la diosa Hel; en algunas sagas, se solapan. Está habitada por antiguos gigantes de hielo que presumiblemente son distintos de los jǫtnar de Jötunheim. Generalmente, se considera un yermo estéril, ya que la mayor parte de la vida no puede sobrevivir.

Según *Gylfaginning* en la *Edda prosaica*, es la ubicación del pozo de Hvergelmir, uno de los manantiales de las raíces de Yggdrasil, y de los ríos helados de Élivágar que fueron un elemento importante en el comienzo de la vida.

Muspelheim («destructor del mundo»), el segundo reino primordial, es el dominio de los gigantes de fuego o demonios. Su jefe, Surtr («el moreno»), un gigante aterrador, vigila la frontera con una espada flamígera. Es una tierra humeante y resplandeciente de llamas y volcanes donde nadie podría sobrevivir aparte de los habitantes locales.

El barco *Naglfar*, mencionado en la *Edda poética* y la *Edda prosaica*, está hecho de las uñas sin recortar de los muertos. Una vez terminado, desempeñará un papel en la batalla final del Ragnarök. El personaje High sugiere sabiamente que es prudente mantener las uñas cortas y ordenadas para que el barco tarde más en construirse.

En este sentido, según la *Edda prosaica*, Surtr dirigirá a los gigantes de fuego en la gran batalla final durante el Ragnarök: «En el fin del mundo irá a hacer la guerra y derrotará a todos los dioses y quemará el mundo entero con fuego». Al igual que formó parte de la creación, Muspelheim está ahí para la destrucción de la vida.

Helheim («el mundo de Hel»), en las entrañas mismas del cosmos, está gobernado por Hel, la hija de Loki, y es el destino final de los muertos. Se dice que se extiende hacia abajo y hacia el norte y está dividido en varias zonas. El salón de Hel recibe el nombre de Eljudnir (Éljúðnir) («rociado de tormentas de nieve») y está situado en Niflheim. Helheim es un paisaje sombrío y helado, azotado por tormentas de granizo y vientos helados. Tiene muros altos e impenetrables. Los muertos deben cruzar el puente dorado de Gjallarbrú sobre el río Gjöll para llegar a su salón. Este puente está custodiado por una giganta jotun maníaca llamada Modgud («frenesí de guerra»), que decide quién debe entrar por las puertas de Eljudnir e impide que nadie salga.

Inmediatamente fuera de la sala se encuentra Garm, un sabueso vicioso y monstruoso que vigila las puertas. También está Fallandaforad, un gran foso en el que Hel tiene su cama, kör («lecho de enferma»), oscurecida por unas cortinas hechas jirones llamadas Blikjandaböl («desastre reluciente»). Allí la atienden sus sirvientes, Ganglati y Ganglot (ambos nombres significan «caminante perezoso»), que se mueven tan lentamente que es difícil ver si realmente se mueven. Le traen la comida en un plato conocido como «hambre», y ella se lo come con el cuchillo que llama «hambruna».

Para los peores pecadores, Náströnd («playa de cadáveres») era su destino final. Las almas de estos asesinos, adúlteros y violadores de juramentos eran obligadas a vadear el veneno hasta un castillo orientado al norte, cuyo tejado era una masa de serpientes retorciéndose. Allí sufrirían un tormento eterno, concretamente la tortura por parte del vil dragón Nidhogg, que succiona la sangre de sus cuerpos.

Capítulo seis: Odín, el padre de todos

En la mitología vikinga, Odín es el dios de la sabiduría, el conocimiento, la poesía, las runas, el éxtasis y la magia, pero es principalmente un dios de la guerra y es responsable de los que mueren en la batalla. Como jefe de los dioses y diosas æsir, es un personaje extremadamente complejo y polifacético.

Como gran guerrero, se dice que nunca perdió una batalla (aunque el final de la primera guerra entre los æsir y los vanir no fue una victoria rotunda). Después de que él y su hermano crearan Midgard, Odín viajó extensamente por los nueve reinos, involucrándose en muchas guerras y batallas. Los guerreros nórdicos creían que Odín decidiría qué bando derrotaría al otro y le rezaban en busca de protección y guía. Le hacían sacrificios antes de entrar en batalla. Los feroces e intrépidos *berserkers*, que luchaban como si estuvieran en trance y hacían caso omiso de las heridas más graves, lo consideraban su patrón. En el texto de Adam de Bremen, *Gesta Hammaburgensis ecclesiae pontificum* (*Hechos de los obispos de Hamburgo*), se refiere a Odín como Wotan en su descripción del templo de Upsala y lo describe como el dios de la guerra al que la gente dejaba sacrificios en tiempos de conflicto.

Aunque Odín es indiscutiblemente el jefe de los dioses nórdicos, la *Saga Ynglinga* lo describe como «rey de los æsir». Tanto Tácito como Adán de Bremen afirman que Thor era el dios principal en la religión pagana nórdica, por lo que es posible que Odín no se convirtiera en la figura paterna central de Asgard hasta las Eddas. Se lo menciona en la mayoría de los relatos de las Eddas, pero eso podría ser resultado de la influencia del cristianismo. Muchas de las experiencias de Odín son comparables con figuras de la Biblia, incluido él mismo colgado del árbol del mundo Yggdrasil, sus contemplaciones en el desierto y su actitud paternal hacia la gente de Midgard.

Una representación de Odín del siglo IX[5]

Además de ser el creador, Odín es el padre de varios dioses. Thor, Baldr, Vidar y Váli son identificados como sus hijos en las Eddas. Heimdal, Bragi, Tyr, Höðr y Hermód tienen una filiación dudosa y, en algunos relatos, Odín es su padre. También es el fundador de dinastías terrenales, como los reyes burgundios de la *Saga Völsunga*. Además, se dice que Skjöldr, el legendario rey danés, y el rey Sæmingr de Noruega eran hijos de Odín. En 2020, se descubrió un tesoro en un campo de Jelling, Dinamarca. Incluía un bracteado (colgante) de oro de ochocientos gramos que data del siglo V de nuestra era. Lleva inscrito en letras rúnicas el nombre del propietario, «Jaga» o «Jagaz», que se cree era un jefe que podría haber reclamado a Odín como antepasado, con las palabras «hombre de Odín» junto a la imagen de un hombre y un caballo.

La madre de Thor, Odinson, el hijo mayor de Odín, se atribuye generalmente a la diosa de la tierra Jörd. Sin embargo, existe cierta confusión, ya que Jörd también ha sido catalogada como hija de Odín. Se dice que la diosa Frigg (esposa de Odín) es hija de Fjörgynn, otro nombre de Jörd. Parte de esta confusión puede deberse a que el nombre Jörd también es la palabra nórdica antigua para «tierra».

Odín es descrito en el *Gylfaginning* de la *Edda prosaica* como «amado de Frigg». Como su esposa, Frigg es reina de los æsir, y es la madre de sus malogrados hijos, Baldr y Höðr.

En uno de los mitos de la *Edda poética*, Agnar y Geirrod, los jóvenes hijos del rey Hraudung, están pescando cuando su barca es arrastrada por el viento hasta la orilla. Un granjero y su esposa (que se revela que son Odín y Frigg) los encuentran y cuidan de ellos durante el invierno. El granjero se interesa especialmente por Geirrod, mientras que su esposa cuida de su hermano mayor. En la primavera siguiente, el anciano les regala una barca, susurra algo a su hijo adoptivo favorito y los envía de regreso.

Cuando llegan a su casa, Geirrod salta de la barca y la empuja de vuelta al mar con Agnar aún a bordo, maldiciéndolo. «Ve donde te lleven los trols», le dice a su hermano. El barco encantado se aleja rápidamente. Cuando Geirrod entra en la sala de su padre, descubre que este ha muerto mientras él estaba fuera. Como el hermano mayor se ha perdido en el mar, Geirrod es coronado rey.

Un día, Odín se ríe del destino de Agnar mientras vive en una cueva con una mujer trol y sus hijos. Frigg señala que, aunque Geirrod sea rey, es un mal gobernante. Es mezquino y tacaño. Geirrod no alimenta a sus invitados si son demasiados, lo cual es un comportamiento imperdonable para los vikingos hospitalarios y amantes de los festines. Odín, poco dispuesto a creer que su hijo adoptivo pudiera ser capaz de un crimen tan atroz, hace una apuesta con Frigg de que simplemente no es así. Odín se prepara para ir a ver a Geirrod por sí mismo, disfrazado de Grimnir («rostro ensombrecido»).

Frigg envía rápidamente a su sierva Fulla para que le diga a Geirrod que un hechicero malévolo se dirige a su reino para causar daño, pero que será fácil de reconocer porque ningún perro le ladrará. Cuando Grimnir llega, Geirrod pone a sus perros sobre él (como ha hecho con todos sus invitados). Cuando los perros ni siquiera olfatean al extraño, Geirrod ordena a sus hombres que aten a Grimnir y lo suspendan entre dos grandes hogueras durante ocho noches en un intento de hacerlo revelar sus intenciones. Por supuesto, el dios disfrazado no hablará.

El joven hijo de Geirrod, también llamado Agnar (igual que el hermano al que el rey había traicionado), se apiada del prisionero y le da a beber hidromiel. Para entonces, el fuego se ha vuelto tan feroz que el disfraz de Odín se ha quemado. Odín comienza a hablar con el muchacho. Le habla de Asgard y de los muchos nombres y disfraces que ha adoptado.

Agnar revela a su padre la verdadera identidad del prisionero torturado. Geirrod, horrorizado, se levanta de un salto para ir a liberar a Odín del fuego, pero en su prisa, cae sobre su espada y es asesinado. Agnar (el hijo, no el hermano) se convierte entonces en rey y gobierna sabiamente durante muchos años.

A veces se hace referencia a Odín como el «dios cuervo». Su asociación con estas aves es sin duda anterior a las Eddas. Los artefactos de la época vikinga lo muestran a menudo con representaciones de cuervos y, en el folclore, se dice que su aparición tras un sacrificio era señal de que Odín lo había aceptado. En el *Grímnismál* de la *Edda poética*, Odín habla de sus propios cuervos, Hugin (posiblemente del nórdico antiguo *hugr*, que significa «pensamiento») y Munin (de *munr*, que significa «memoria»). Estos cuervos vuelan cada día por todo el mundo. Cuando regresan, susurran a Odín, contándole todo lo que han visto.

Además de sus compañeros pájaros, Odín tiene dos lobos grises: Freki («el voraz») y Geri («el glotón»). Se dice que Odín los creó para que le hicieran compañía cuando se sentía solo durante sus viajes, y se convirtieron en sus leales guardianes. Se animaba a los vikingos a respetar y aprender de estos animales. Los cuervos eran conocidos por su inteligencia, y los lobos eran igual de valientes y sabios. Los lobos tenían un fuerte sentido de la familia, ya que demostraban cuidar de todos los miembros de sus manadas.

Odín dedica gran parte de su tiempo a la búsqueda del conocimiento. En el *Völuspá* de la *Edda poética*, el más sabio de todos los dioses era inicialmente Mímir, una misteriosa deidad del agua que vive en el pozo de Mimisbrunnr, el cual proporciona agua a la raíz de Yggdrasil de Jötunheim. (En otras historias, el sabio Mímir era el desafortunado dios vanir cuya cabeza decapitada Odín llevaba consigo). Según el *Völuspá*, Mímir guarda este pozo, ya que es donde «se almacenaban la sabiduría y el entendimiento». Cualquiera que bebiera sus aguas sería iluminado para siempre. Mímir bebe de él cada mañana. Cuando Odín lo visita, ansioso de conocimiento, tiene que renunciar a uno de sus ojos a cambio de una parte.

Mímir vierte el agua en el Gjallarhorn, una de las posesiones más preciadas de los æsir. Además de ser un cuerno para beber, el Gjallarhorn es también un instrumento musical. En otras historias, el Gjallarhorn se entrega a Heimdal, el dios encargado de vigilar el reino de Asgard. Una vez que Odín ha bebido del pozo, se convierte en el más sabio de todos los dioses. A pesar de haber perdido su ojo, es capaz de ver más que ninguno de ellos, gracias a sus inmensos conocimientos.

En otro de los mitos de Odín, Kvasir, el elocuente dios de la poesía y la sabiduría (que se había formado a partir de la saliva de los æsir y los vanir tras la guerra), se había dedicado a vagar y a compartir sus bellas palabras y su astucia con todos los que encontraba. Cuando se cruza con dos enanos particularmente horribles llamados Fjalar («engañador») y Galar («gritón»), matan a Kvasir y drenan toda la sangre de su cuerpo, luego la mezclan con miel para hacer un hidromiel encantado al que llaman Óðrœrir, el hidromiel de la poesía. Almacenan el hidromiel en tres recipientes. Cuando los dioses buscan a Kvasir, los enanos se ríen juntos y dicen que se ha atragantado con su propia astucia.

Pero preocupados por que los poderosos dioses vengan por ellos, los enanos convencen a un gigante, Gilling, para que los lleve mar adentro. Cuando llegan a aguas profundas, lo dominan y cae por la borda. Incapaz de nadar, se ahoga. Cuando los malvados enanos regresan a la orilla y le dicen que Gilling ha muerto en un accidente, llora de dolor. A los enanos les disgusta el sonido de sus lamentos y la matan dejando caer una piedra de molino sobre su cabeza.

Estos gigantes tienen un hijo llamado Suttungr («pesado con la bebida»), que se apodera de la pareja asesina cuando se entera de lo que han hecho a sus padres. Suplicando por sus vidas, le ofrecen sus tres recipientes del hidromiel de poesía que hicieron con la sangre de Kvasir. Suttungr acepta. Lo esconde bajo el Hnitbjorg, una montaña, con su hija Gunnlöd haciendo guardia.

Odín está decidido a beber este hidromiel y obtener sus poderes, así que se disfraza de labrador y acude a la granja del hermano de Suttungr, donde nueve hombres trabajan duramente. Odín se ofrece a afilar sus guadañas romas con una piedra de afilar especial. Una vez que las ha atendido, las guadañas están afiladísimas y cortan rápidamente el heno. Los granjeros preguntan si pueden comprar la piedra, y Odín accede, pero les advierte crípticamente que tendrán que pagar un alto precio. La lanza al aire. Los hombres se lanzan por ella y, en la refriega, se matan unos a otros con sus cuchillas recién afiladas.

Odín va entonces a la granja y le dice al hermano de Suttungr que sus hombres se han matado entre sí en una discusión. Le dice que se llama Bölverkr («trabajador de la desgracia») y se ofrece a hacer todo su trabajo a cambio de un sorbo de Óðrœrir. El granjero responde que no es suyo, pero accede a hablar con su hermano.

Tras trabajar en la granja, según lo acordado, Odín y el granjero se dirigen a Suttungr, pero el gigante no les permite acercarse a su hidromiel. Odín no tiene intención de rendirse. Tras hacer que su compañero taladre la roca de la montaña, se transforma en serpiente y se desliza por el agujero. Se abre paso serpenteando hasta la cámara donde la solitaria Gunnlöd custodia el preciado hidromiel.

Al principio se niega a darle a Odín nada de la bebida, pero después de que él le dice que dormirá con ella durante tres noches, ella accede a darle un pequeño trago de cada uno de los recipientes. Sin embargo, después de la tercera noche, los recipientes están vacíos, ya que cada uno de los sorbos de Odín los deja completamente vacíos. Siempre encantador, Odín se marcha, volando en forma de águila.

Suttungr, dándose cuenta de que le han robado, sale tras él a toda velocidad. Pero a medida que se acercan a Asgard, se ve obligado a abandonar su persecución. Los dioses, habiendo visto a Odín como un águila hacer su aproximación, disponen contenedores. Odín regurgita en ellos el hidromiel que ha tragado. Al hacerlo, algunas gotas de su pico caen sobre Midgard, y quienes son tocados por ellas se convierten en los poetas y eruditos del mundo humano.

Además de tener una obsesión por la sabiduría, Odín está igualmente fascinado por los encantamientos, hechizos y conocimientos menos mundanos. En el manuscrito anglosajón del siglo X, *Lacnunga*, Odín (como Woden) es mencionado dos veces en el Conjuro de las nueve hierbas, una antigua receta para un hechizo mágico utilizado para la curación y la protección. Además de su capacidad para cambiar de forma, aprende la brujería vanir *seidr* de Freyja y consulta con frecuencia a *völvas* y adivinos en busca de consejo.

En la parte final de la *Völuspá* (traducida a su vez como «Profecía dela bruja» o «Profecía de la sibila») de la *Edda poética*, una anciana vidente entrega a Odín, con renuencia, la profecía para el Ragnarök, el fin del mundo y el destino de todas las deidades del cosmos nórdico. Muchas de las acciones de Odín son a menudo intentos inútiles de retrasar lo que cree inevitable. Su acumulación de los *einherjar* («ejército de uno», las almas de los muertos en batalla) en el Valhalla, su diligente vigilancia sobre los nueve reinos y su inusitada benevolencia e infinita paciencia hacia Loki (aunque están unidos como hermanos de sangre) pueden considerarse esfuerzos por evitar el ineludible final conocido como Ragnarök.

Capítulo siete: El Valhalla y el más allá

Además de ser el dios de la sabiduría, la curación y la poesía, Odín era, sobre todo, el dios de la guerra y de los muertos o, al menos, el dios de los grandes guerreros muertos. Acogía a las almas de los vikingos muertos en combate —los muertos más gloriosos— en su magnífico salón, el Valhalla («Salón de los muertos»).

Las almas de estos dignísimos jefes guerreros y célebres soldados eran conocidas como los *einherjar* («ejército de uno»), y estaban destinadas a luchar junto a los æsir en la batalla final del Ragnarök.

Varios poemas de la *Edda poética* (incluidos *Völuspá* y *Grímnismál*) y de la *Edda prosaica* relatan cómo las *einherjar* son seleccionadas de entre los muertos en el campo de batalla por las valquirias, un ejército de guerreras armadas y con casco. Cabalgan (o más bien vuelan) sobre sus caballos por tierra y mar. En algunos relatos se las conoce como doncellas cisne porque se disfrazan de cisne para poder volar rápidamente.

En *Völundarkvida* de la *Edda poética*, tres hermanos que viven en Úlfdalir («valles del lobo») se fijan en tres mujeres que hilan lino a orillas de un lago. Al ver cerca sus prendas de cisne, los hombres se dan cuenta de que las damas deben de ser valquirias. Las llevan a sus casas y las tres parejas viven felices durante siete años, hasta que las valquirias vuelan a la batalla para no volver jamás.

En algunos mitos, se dice que las valquirias son hijas de Odín, pero en las Eddas son más a menudo princesas, hijas de reyes. En el poema *Helgakvida Hjörvardssonar*, un joven príncipe ve pasar a nueve valquirias a caballo. A una la describe como la «dama de rostro brillante». Es Sváva, la hija del rey Eylimi, y protege al joven príncipe en muchas batallas.

En el *Völuspá*, una vidente describe a seis valquirias: Skuld («destino»), que lleva un escudo; Skögul («agitadora»), Gunnr («guerra»), Hilda («batalla»), Göndul («portadora de varita») y Geirskögul («portadora de lanza»). En el *Grímnismál*, otras once valquirias son identificadas por su nombre. Se explica que Skuld es también una de las nornas y tiene un papel especial como valquiria, ya que «siempre cabalga para elegir a los muertos y decidir el resultado de la batalla»[i].

La historia del héroe nórdico Helgi Hundingsbane se relata en dos capítulos de la *Edda poética*. Helgi era hijo de Sigmundr y Borghildr de Brálund, cuya historia se incluye en la *Edda prosaica*. La noche en que nació Helgi, las nornas determinaron su destino y decidieron que sería un gran príncipe.

A la edad de quince años, Helgi se disfraza y se infiltra en la corte del rey sajón Hunding, enemigo de su pueblo, con un audaz plan para capturarlo y matarlo. Al poco tiempo, el rey empieza a sospechar de Helgi y este se ve obligado a escapar vestido de sirvienta y se esconde en un molino.

Poco después, Helgi aprovecha la oportunidad para matar al rey Hunding, lo que le vale su nombre, Helgi Hundingsbane. Los hijos del rey le exigen que, en lugar de vengarse, les pague el *weregild*, la multa de sangre que se cobra por el asesinato, pero Helgi se niega. En cambio, dirige a sus hombres a la batalla contra estos príncipes sajones.

Tras la batalla, en la que mata a todos los hijos del rey muerto, Helgi descansa bajo Arastein («acantilado del águila») mientras las valquirias aparecen en el campo de batalla con «rayos de relámpagos; con cascos en Himingvani; sus *byrnies* [armaduras] estaban empapadas de sangre, y los rayos brillaban desde sus lanzas»[ii]. Una de ellas, Sigrún, habla con Helgi mientras sigue montada en su caballo. Le cuenta cómo su padre la ha

---

[i] La *Edda Poética*. Traducido por Carolyne Larrington. Snorri Sturluson. Oxford University Press, 2014.

[ii] La *Edda Poética*. Traducido por Carolyne Larrington. Snorri Sturluson. Oxford University Press, 2014.

desposado con un príncipe particularmente despreciable y poco noble, uno de los hijos de Granmar, rey de los Hniflungos, al que considera indigno de ella.

Helgi reúne caballerosamente a sus hombres y zarpan hacia Frekastein para hacer la guerra a Granmar y sus ejércitos y salvar a Sigrún de su próximo matrimonio. Durante la travesía se produce una gran tormenta. La intervención de Sigrún ante Rán, la volátil diosa del mar, les salva la vida a todos.

A su llegada a Frekastein, los hombres de Helgi atacan a las fuerzas de Granmar. Mientras luchan, las valquirias llegan para ayudarlos a conseguir la victoria. Al terminar, las valquirias se marchan volando, dejando que Helgi y Sigrún se casen.

Tienen varios hijos, pero no viven felices para siempre. Uno de los hijos de Granmar, Dagr, sobrevivió, y está obligado por el honor vikingo a vengarse del responsable de la matanza de su padre y sus hermanos. Reza a Odín y, tras realizar los sacrificios y rituales apropiados, Odín entrega a Dagr su lanza, que utiliza para matar a Helgi.

Dagr intenta dar el pésame a Sigrún, pero ella se siente desconsolada y lo maldice, diciéndole que debería pasar el resto de su vida en el bosque, comiendo solo carne podrida por su crueldad. Luego, hace preparar una carreta para su amado. Sin embargo, su alma ya está en el Valhalla, donde parece bastante feliz, sobre todo porque tiene la suficiente influencia como para hacer que su viejo enemigo, Hunding, alimente a los cerdos y lave los pies de los *einherjars*.

Mientras tanto, Sigrún sigue suspirando por su marido. Cuando una sirvienta le dice que lo ha visto a él y a sus hombres cabalgando hacia su túmulo funerario, corre a verlo por sí misma. Allí encuentra a Helgi, pero está despeinado, con el pelo cubierto de escarcha, las manos mojadas y el cuerpo salpicado de sangre. Él le dice que esto se debe a que sus lágrimas de dolor siguen cayendo sobre él. Pasan la noche juntos en su túmulo, pero al día siguiente, Helgi regresa al Valhalla, dejando a Sigrún sola en su luto una vez más.

En la *Heimskringla* de Snorri Sturluson, la más conocida de las antiguas sagas de reyes nórdicos, se describen los rituales terrenales necesarios para preparar a un guerrero para el Valhalla. El cuerpo debía ser depositado en una pira funeraria con todas sus posesiones. A veces, incluso su esposa y sus sirvientes eran colocados en la pira para que estuvieran a su lado en el Valhalla. Después, las cenizas debían esparcirse por el suelo o esparcirse por el mar.

El Valhalla se describe como magnífico y palaciego. Cuando los hombres sean llamados a luchar en el Ragnarök, unos 800 guerreros marcharán por sus 540 puertas. La *Edda poética* describe el Valhalla como «levantándose pacíficamente» para los fatigados *einherjar* que se acercan a sus puertas. Frente a la entrada principal se alza un árbol con hojas de oro rojo llamado Glasir («resplandeciente»), y las puertas están custodiadas por lobos mientras las águilas sobrevuelan. La sala tiene «astas de lanza por vigas, está techada con escudos, las cotas de malla están esparcidas por las banquetas», y hay montones de las posesiones que han sido enterradas o incineradas con los guerreros para su largo viaje al más allá.

Según *el Grímnismál*, el Valhalla se encuentra en Gladsheimr, y la sala de Thor, Bilskirnir, está contenida entre sus muros. En la *Edda poética*, una discusión entre Odín (disfrazado de barquero) y Thor incluye la revelación de que las almas de los esclavos muertos (los esclavizados o siervos) residen en loscampos de Thor, Thrúdvangar.

Más allá del Valhalla se encuentra el celestial Gimlé, indudablemente, un mundo habitado por elfos de luz angelicales. Se encuentra en Vidbláinn, una llanura celestial sobre Asgard. Las almas valientes que sobrevivan al Ragnarök serán bienvenidas allí.

Una vez que los *einherjar* lleguen al Valhalla, podrán disfrutar de la vida ideal de los vikingos. Habrá combates permanentes y perpetuos, así como épicos juegos de guerra, a menudo a muerte. Antes del gran festín que se celebra al final de cada día, se curan todas las heridas y los que habían sido asesinados ese día renacen o, al menos, vuelven a respirar.

No solo los *einherjar* muertos son devueltos a la vida. El desafortunado jabalí de Odín, Særimner, es sacrificado a diario para alimentar a este enorme ejército, solo para reaparecer y pasar por el mismo proceso al día siguiente. Es descuartizado por Andhrímnir, el cocinero de los dioses, y luego guisado a la perfección en Eldhrímnir («hervidor de fuego»), un gran caldero.

Los guerreros del festín también comparten copiosas cantidades de hidromiel que les proporciona la cabra de Odín, Heidrún. Come las hojas del árbol Læraðr en el Valhalla y es ordeñada para obtener este hidromiel mágico por la atareada Andhrímnir. Las valquirias la sirven después. Según la *Edda prosaica*, «aún hay otras cuyo deber es servir en el Valhalla.

Llevan la bebida y la disponen en la mesa y a las copas de cerveza... estas mujeres se llaman valquirias»[i].

En la *Skáldskaparmál* de la *Edda prosaica*, Snorri presenta la imagen de un comedor lleno de atmósfera. No hay más iluminación que las relucientes espadas de los *einherjar*. Durante el festín, Odín no come nada de la carne. Da su parte a sus dos lobos, Geri y Freki, sus constantes compañeros. Sin embargo, participa del excelente hidromiel de Heidrún.

Aunque el Valhalla alberga a algunos de los guerreros más feroces y brutales, parece que existen ciertas expectativas en cuanto a la etiqueta. En *Skáldskaparmál*, el jotun Hrungnir («pendenciero»), en su caballo de crines doradas Gullfaxi, es derrotado en una carrera contra Odín en su caballo de ocho patas, Sleipnir. Cuando la carrera termina en el Valhalla, Hrungnir es invitado a entrar, en el típico espíritu vikingo de brindar hospitalidad. No tarda en embriagarse y propasarse, ofendiendo a los æsir reunidos. Cuando alardea de que devolverá el Valhalla a Jötunheim, estos se hartan de su grosera compañía y convocan a Thor para que se ocupe de él. Borracho como está, Hrungnir le recuerda astutamente que es un invitado de los æsir y que no se le puede hacer daño. Sin embargo, lo convence para que abandone el Valhalla y se entregue a un *flyting* (batalla de palabras). En algunas versiones de la historia, Thor lo mata con su martillo, Mjölnir, y se apodera del maravilloso caballo de Hrungnir.

La cacería salvaje, u Odensjakt («cabalgata de Odín»), en la que Odín, sobre su caballo Sleipnir, conduce a un gran séquito de valquirias, guerreros muertos fantasmales, elfos, lobos y halcones en una atronadora persecución a través de los profundos y oscuros bosques. Esta cacería ha sido relatada en la mitología del norte de Europa, aunque existen algunas variaciones de una región a otra. La mayor parte del folclore celta y germánico describe la cacería como un presagio de perdición para quienes tienen la desgracia de verla, pero en la mitología nórdica nunca se la ve, solo se la oye. Los sonidos fantasmales de una multitud agitada galopando a todo galope, los cascos tronando, el entrechocar de armaduras y armas, y los sabuesos de Odín aullando en la noche serían sin duda algo inquietante de oír.

Antes de la llegada del cristianismo, se suponía que estos cazadores perseguían a un jabalí o a algún ser místico que había que rescatar o

---

[i] La *Edda prosaica - Cuentos de la mitología nórdica*. Traducido por Jesse Byock. Snorri Sturluson. Penguin Classics, 2005.

destruir. Después, los cazadores tenían una presa diferente y se decía que perseguían a los pecadores o cazaban a niños que no habían sido bautizados.

Los guerreros restantes que no son seleccionados por las valquirias para el Valhalla van a la otra vida de Freyja, Fólkvangr («campo del pueblo»), una pradera pacífica donde las almas cansadas pueden descansar. Tanto en la *Edda prosaica* como en la *Edda poética* se atestigua que Fólkvangr se encuentra dentro de la sala de Freyja, Sessrúmnir.

En el *Grímnismál*, Agnar aprende del Odín disfrazado que «Freyja decreta quién tendrá asientos en el salón; La mitad de los muertos cada día ella elige, Y la mitad lo hace Odín»[i]. Del mismo modo, en la *Edda prosaica*, «cada vez que ella cabalga a la batalla se queda con la mitad de sus muertos»[ii].

La diferencia entre las almas seleccionadas por las valquirias para el Valhalla y las llevadas al Fólkvangr de Freyja no está clara, pero dado que la profecía del Ragnarök llama a los *einherjar* a luchar junto con los dioses, su existencia en el Valhalla puede considerarse como un programa de entrenamiento divino para prepararlos para ese momento. Los que disfrutan de la hospitalidad de Freyja son, tal vez, las almas de los buenos y honorables que carecen de la ferocidad necesaria para esa última gran batalla.

En la antigua *Saga de Egill* islandesa, que data de 1240 e. c. y narra la historia familiar del vikingo Egill Skallagrímsson, una mujer llamada Thorgerd dice: «No he cenado, ni lo haré hasta que me reúna con Freyja... No quiero vivir después de que mi padre y mi hermano hayan muerto». Esto sugeriría que morirse de hambre se consideraba un fallecimiento suficientemente noble para el nivel inferior de los héroes muertos en la otra vida.

Freyja tiene otra posible conexión con el más allá para los nórdicos. Las almas de las mujeres solteras que mueren se convierten en asistentes de Gefjon, según la *Heimskringla* (una de las sagas de los reyes nórdicos antiguos, escrita por Snorri Sturluson). Aunque Gefjon es una diosa

---

[i] La *Edda poética*. Traducido por Carolyne Larrington. Snorri Sturluson. Oxford University Press, 2014.

[ii] La *Edda prosaica - Cuentos de la mitología nórdica*. Traducido por Jesse Byock. Snorri Sturluson. Penguin Classics, 2005.

asociada a la agricultura en los mitos daneses, Gefjon era otro nombre de Freyja para los vikingos noruegos. Así pues, es posible que, permitiendo que sus nombres se confundan en la noche de los tiempos, sea Freyja quien los tome. Si ese fuera el caso, sus salones acogen a una multitud bastante más heterogénea que el Valhalla.

Para los que murieron en el mar (seguramente un riesgo laboral para los incursores vikingos), no hay pasaje al Valhalla. Se acepta ampliamente que el dios nórdico del mar Ægir es un jotun, aunque uno particularmente razonable y amistoso. Su esposa, Rán, se describe a veces como su hermana o una diosa vanir, pero ambos tienen caracteres y propósitos muy diferentes.

A Ægir se lo asocia con todos los beneficios del mar, como las aguas tranquilas y la pesca. También se lo celebra por su sabiduría. Rán es la peligrosa y cruel perpetradora de los mares tormentosos y los naufragios. Posee una gran red que lanza a las profundidades para atrapar a los desventurados marineros y luego los arrastra hasta su reino, donde permanecerán en su salón.

Las leyendas nórdicas también sugieren una posibilidad de reencarnación, especialmente a través de la ascendencia. En la *Saga de Hrómundar Gripsson,* Helgi Hundingsbane y su esposa, la valquiria Sigrún habrían sido Helgi Hjörvardsson y su amada Sváva en una vida anterior y Helgi Haddingjaskati y Kára en la siguiente. También existe la sugerencia de que algunos de los muertos no abandonaban sus túmulos o sepulturas, sino que permanecían allí, en cuerpo y alma, para velar por sus descendientes y sus hogares. En la saga islandesa *Eyrbyggja*, hay una historia sobre un pastor que comparte su visión de la montaña Helgafell abriéndose para recibir a un muerto (y adorador de Thor). Allí encuentra a su difunta familia festejando y se reúne felizmente con su padre muerto.

Por último, estaba el reino de Hel. Este no era exactamente el infierno del cristianismo. La *Edda prosaica* sugiere que todos los muertos —salvo los seleccionados para el Valhalla, Fólkvangr o la sala de Rán— entran en Helheim. Hay zonas agradables donde crecen las flores y se celebran banquetes. Baldr y Nanna aparecen en los asientos de honor en una de esas ocasiones en *Gylfaginning*. Los malvados no permanecen en Hel; vuelven a morir para precipitarse más lejos en los reinos espantosos de las entrañas del cosmos nórdico.

Capítulo ocho: Freyja, la diosa para todas las estaciones

Freyja («dama») suele considerarse la diosa nórdica arquetípica. Es bella, etérea y fuerte. Ella y su hermano (a veces su gemelo) Freyr nacieron de Nerthus, la diosa de la prosperidad y la paz. (Se creía que cuando ella estaba entre los humanos, no se producían conflictos ni batallas). Su padre era Njörd, un dios importante de los vanir que ayudaba a supervisar la navegación, la pesca y la prosperidad.

Freyja era la diosa del amor, la fertilidad, la magia, la guerra y la muerte. A veces se hace referencia a ella como una valquiria e incluso como su líder, siendo responsable de la mitad de los que murieron en la batalla. Posiblemente, estos hombres fueron considerados menos heroicos que los que se dirigieron al Valhalla porque no parecen desempeñar ningún papel en la batalla final del Ragnarök y viven una existencia pacífica bajo el cuidado de Freyja.

Existe escasa información sobre Freyja antes de su traslado de Vanaheimr a Asgard. Dado que hay tantas historias contradictorias sobre ella, es probable que se haya confundido con otras diosas, en particular con la esposa de Odín, Frigg, cuyo nombre no es demasiado distinto al de Freyja. Incluso el nombre del marido de Freyja, Ódr, puede confundirse fácilmente con Odín. Se ha señalado que la entidad «Frija» podría ser una combinación de Freyja y Frigg o incluso las dos entrelazadas en un solo ser. Gullveig, que posiblemente fue la causa o una víctima de la guerra æsir-vanir, y Gefjon, la diosa de la fertilidad asociada con el arado, también se han entrelazado con Freyja a lo largo de los años. Los monjes cristianos que grabaron los mitos en pergamino probablemente no estaban tan preocupados (o interesados) por las diosas. Dado que el nombre de Freyja es sinónimo de la palabra «dama», la confusión era desgraciadamente inevitable.

La *Saga Ynglinga*, una de las sagas de reyes de Snorri Sturluson, presenta a Freyja como una de las líderes de los vanir en la guerra æsir-vanir. Trabajó estrechamente con Odín para ayudar a supervisar el acuerdo de paz y se responsabilizó de la ofrenda de sacrificios. En la misma saga, Freyja se revela como una *völva*, una vidente dotada para la práctica mística del *seidr*, que ella introduce en Asgard. (En el *Lokasenna*, revela que Frigg también es una chamana dotada que conoce el destino de todo). Además, Freyja ha sido vista como una norna tejedora del destino, probablemente debido a sus dones como vidente, lo que resulta de algún modo apropiado, ya que su verdadera –u original– historia ha sido desentrañada en algún lugar entre las muchas hebras de la mitología, la leyenda y el folclore.

Al igual que Odín tiene su lanza y Thor su martillo, Freyja posee un maravilloso manto hecho de plumas de halcón que confiere a su portador la capacidad de volar o transformarse en halcón. Viaja en un carro tirado por dos gatos o linces negros o grises de los bosques de Noruega y suele ir acompañada de su cerdo de batalla, Hildisvíni. En el *Hyndluljód* de la *Edda poética*, uno de los fieles seguidores de Freyja (a veces presentado como su amante), Óttar, le construye un santuario y le ruega que lo ayude a descubrir su ascendencia después de haber hecho una apuesta de todo lo que posee sobre la calidad de sus antepasados. Freyja se le aparece y lo disfraza de Hildisvíni. La diosa cabalga a lomos de Óttar mientras viajan para ver a la hechicera jotun Hyndla. Freyja la obliga a contarle a Óttar lo que quiere saber y también a darle una pócima, *minnisöl* («copa de la memoria»), que asegurará que todo lo que se le ha contado no se olvide. Como desciende de varios grandes héroes, gana la apuesta y se convierte en un formidable rey sueco.

A pesar de ser posiblemente la más popular de las diosas nórdicas, Freyja exhibe algunos defectos graves. En *Lokasenna*, cuando Loki tiene su crisis y acusa a los æsir de sus muchas indiscreciones y su comportamiento decididamente impío, airea algunos trapos sucios sobre Freyja. Afirma que ella se ha acostado con todos los dioses y elfos presentes en la sala, cosa que ella niega. Freyja insiste en que él simplemente intenta desviar la atención de sus propias fechorías y mal comportamiento, y luego le dice que se vaya a casa a lamerse las heridas. Pero Loki no ha terminado. «¡Cállate, Freyja! Bruja asquerosa», replica y describe crudamente una ocasión en la que los dioses la sorprendieron a ella y a su hermano Freyr mientras disfrutaban de relaciones sexuales.

Freyja atesora su magnífico collar de oro y ámbar, el Brisingamen («antorcha resplandeciente»). En el relato de principios del siglo XIV *Sörla páttr*, escrito por dos eruditos cristianos deseosos de desacreditar a los dioses paganos y con la esperanza de acabar con las costumbres que se practicaban en su nombre, Freyja es una mortal y una de las amantes favoritas y avaras de Odín. Cuando oye hablar de un fabuloso collar (claramente Brisingamen, aunque esto no se dice) que ha sido creado por hábiles artesanos enanos, no puede evitar ir a verlo por sí misma. Cuando lo tiene ante sus ojos, tiene que tenerlo, sea cual sea el precio. Los cuatro enanos aceptan dárselo a cambio de que se acueste con cada uno de ellos.

Cuando Freyja se niega a decirle a Odín cómo consiguió su fabulosa joya, Loki se entera y se lo cuenta. Deciden robarle el collar. Loki, un cambiaformas, se convierte en pulga y salta a la cama de Freyja. Cuando la encuentra durmiendo sobre su collar, le muerde la mejilla y ella se da la vuelta. Loki lleva entonces el collar a Odín.

Cuando Freyja se da cuenta de que le han robado, apela a Odín. Él le dice que sabe exactamente cómo se lo había procurado y que solo se lo devolverá después de que ella acceda a obligar a dos grandes reyes a luchar entre sí en una guerra perpetua. Cada vez que uno muera, se levantará de nuevo para continuar la batalla. Estas encarnizadas hostilidades continuarán hasta que un salvador cristiano (concretamente, Olaf Tryggvason, rey de Noruega de 995 a 1000 e. c.) ponga fin a esta situación.

Es cierto que falta un mito sobre el robo de Brisingamen. En la *Edda prosaica*, hay una historia sobre cómo Heimdal y Loki luchan por el collar mientras están transformados en focas. A partir de entonces, se hace referencia a Loki como el ladrón de Brisingamen. Hay escenas de una batalla entre ambos (aunque no como focas) grabadas en las paredes de una antigua sala de hidromiel y descritas en el poema *Húsdrápa*, escrito por el poeta histórico del siglo X Úlfr Uggason. Brisingamen también aparece en el antiguo poema épico inglés *Beowulf*.

Esta visión de Freyja se ve contrarrestada por su devoción a su marido Ódr («frenesí» o «inspiración»). La pareja tuvo una relación difícil. Ódr, al que a veces se atribuye ser el dios del sol y del verano, es un personaje curioso. Es inquieto e intranquilo. Abandona a Freyja durante largos periodos, vagando y explorando tierras extranjeras (como Odín) y disfrutando de la compañía de otras mujeres.

Cuando se marcha la primera vez, Freyja se queda desconsolada. La tierra se vuelve fría y estéril, las plantas y las flores se marchitan y nada crece. Mientras llora, sus lágrimas caen sobre la tierra y se convierten en oro. Cuando ya no puede soportar estar sin él, sale en su busca. Disfrazada, viaja de un lugar a otro, dejando regalos y bendiciones a todos los que encuentra en su camino. No se atreve a revelarse por si Ódr se entera de que está cerca y huye hasta que, finalmente, lo encuentra una noche durmiendo bajo un árbol. Ella se acuesta silenciosamente a su lado. Cuando se despierta, está encantado de verla. Se ha cansado de sus viajes, pero temía no ser bien recibido tras su ausencia debido a su afición a las mujeres. Con la pareja reunida, el amargo invierno se derrite y el mundo se vuelve más templado. Las flores empiezan a florecer y los cultivos vuelven a crecer.

Con el tiempo, Ódr vuelve a inquietarse y se siente obligado a partir. De nuevo, el mundo se ve envuelto por la nieve invernal. Pero Freyja sabe que él le será leal y que volverá a casa. Cuando lo haga, también volverá el cálido sol del verano.

Freyja y Ódr comparten dos hijas, las hermosas Hnoss («joya») y Gersemi («tesoro»), que posiblemente sean la misma. En *Skáldskaparmál*, se hace referencia a Hnoss como la «niña gloriosa envuelta en oro» de Freyja y sobrina de Freyr. En *Gylfaginning*, parece que solo hay una hija: «Hnoss es el nombre de su hija. Es tan hermosa que a partir de su nombre todo lo que es bello y precioso se llama Hnossir»[1].

Freyja (y Frigg) ha sufrido probablemente más que la mayoría de las deidades nórdicas durante la cristianización. El nombre de Freyja, especialmente en las plantas y lugares que llevan su nombre, se sustituyó a menudo por el de la Virgen María, quizá inevitablemente, ya que Freyja se traduce como «señora». La flor silvestre serranilla *Polygala vulgaris*, que era conocida como el cabello de Freyja en Escandinavia, fue rebautizada posteriormente con el nombre de la Virgen María.

---

[1] La *Edda en prosa - Cuentos de la mitología nórdica*. Traducido por Jesse Byock. Snorri Sturluson. Penguin Classics, 2005.

Aunque la imagen confusa y vaga que se conserva da a Freyja una cualidad etérea y ajena al mundo que concuerda con la opinión mantenida por los vanir, los vikingos la veían bajo una luz muy diferente. La veneraban como diosa de la guerra y del amor terrenal, y creían que los rituales y sacrificios hacia ella eran una parte necesaria de la vida.

Capítulo nueve: Thor, dios del trueno

Thor («trueno»), el musculoso y poderoso guerrero barbudo, es sinónimo de la cultura vikinga. Ocupa un lugar especial en los mitos nórdicos como el guerrero intrépido, de temperamento ardiente y testarudo, y sirvió de inspiración a los hombres de Escandinavia en la época vikinga.

Como dios, era conocido por su benevolencia hacia la humanidad. A pesar de que su padre Odín era el padre de todos, Thor parecía haber sido adorado más que ningún otro dios nórdico, sobre todo en Islandia. Se han encontrado representaciones de su martillo, Mjölnir, talladas en un gran número de piedras rúnicas y artefactos vikingos. El papel de Thor es el de «defensor de Asgard y Midgard», según *Skáldskaparmal* en la *Edda prosaica*. En los mitos, considera a los jǫtnar como sus enemigos, a pesar de que su abuela paterna era la jotun Bestla y mantenía una relación con otra jotun, Járnsaxa, madre de su hijo Magni. Además de Thor, Magni es el único dios capaz de levantar el Mjölnir.

En las Eddas, Thor está casado con la diosa de la tierra Sif, conocida por su asombrosa cabellera dorada. Dondequiera que camina, crecen cosechas detrás de ella. En el *Gylfaginning* de la *Edda prosaica*, se revela que ella también tuvo un hijo de una relación anterior, el apuesto Ullr, que también es un poderoso guerrero. Ella y Thor comparten una hija llamada Thrúd («fuerza»), que probablemente sea una valquiria, ya que ese nombre figura entre ellas. Existe la creencia de que faltan mitos sobre Thrúd, sobre todo porque se hace referencia al jotun Hrungnir como el «ladrón de Thrúd», pero no queda ninguna historia que lo explique en ninguna de las fuentes.

Para los vikingos, Thor era la encarnación del trueno. Los sonidos retumbantes y estrepitosos eran su carro surcando el cielo, mientras que se decía que los rayos eran su relampagueante martillo cuando lo lanzaba lejos para derribar a los jǫtnar. Thor lleva unos grandes guanteletes de hierro llamados Járngreipr, que le ayudan a manejar el inmenso poder de Mjölnir, y su cinturón, Megingjörd, duplica su ya legendaria fuerza.

Thor conduce un carro tirado por dos cabras llamadas Tanngrisnir («triturador de dientes») y Tanngnjóstr («dientes finos»). En la *Edda prosaica*, se revela que estas cabras también sostienen al gran dios, ya que pueden ser sacrificadas cada día. Thor se come entonces su carne. Siempre que los huesos queden intactos, Thor puede resucitarlas al día siguiente utilizando los poderes místicos de su martillo, Mjölnir.

En un mito, Thor y Loki pasan la noche con unos campesinos y comparten con ellos la carne de cabra. Un niño, Thjalfi, rompe uno de los huesos de la pata para disfrutar del tuétano que hay en su interior. A la mañana siguiente, cuando las cabras vuelven a la vida, Thor se enfada al comprobar que una de ellas está coja. Cuando descubre el motivo, se lleva a Thjalfi y a su hermana, Röskva, para que le sirvan. (En algunas traducciones, se hace referencia a ellos como los hijos esclavos de Thor).

Thor observando la pata coja de una de sus cabras [6]

Los cuatro abandonan la pequeña parcela del campesino y se adentran en los bosques de Jötunheim. Al anochecer, fríos y cansados, encuentran una gran construcción vacía y duermen en su interior. A la mañana siguiente, descubren que en realidad es un guante del gigante jotun Skrymir, que no los ve. La noche siguiente, duermen en un claro cercano, pero Skrymir está durmiendo cerca, bajo un enorme roble. Sus ronquidos son tan fuertes que la tierra tiembla.

Thor, pensando que el gigante dormido es vulnerable, coge a Mjölnir y golpea la cabeza de Skrymir tres veces con todas sus fuerzas. Esto parece tener poco efecto, pero Skrymir despierta y, tras estirarse y abrir sus ojos somnolientos, se fija en Thor. El dios del trueno no tarda en pensar y pregunta al gigante su nombre.

Una vez que se han presentado, Skrymir les dice que cree que algunas bellotas y trozos de follaje deben haber caído durante la noche, ya que sintió que algo le caía sobre la cabeza. También advierte al grupo de que si se dirigen al castillo de Útgarda-Loki, deben modificar su actitud fanfarrona y arrogante.

Thor, Loki y los niños pronto se encuentran fuera del castillo de Útgarda-Loki, una estructura tan inmensa que tienen que estirar el cuello para ver toda su altura. La puerta está cerrada y Thor no puede hacer palanca para abrirla, por lo que se ven obligados a colarse innoblemente entre los barrotes. Se encuentran entonces en un gran salón con gigantes sentados en dos bancos. El gobernante del castillo, el mismísimo Útgarda-Loki, mira al grupo de reojo.

Les dice que para poder disfrutar de su hospitalidad, cada uno tiene que realizar una hazaña, a excepción de Röskva. Loki se ofrece rápidamente como voluntario para demostrar su famoso talento para comer. Le dan un enorme plato de comida y compite contra un gigante llamado Logi, que come mucho más rápido que el dios de las travesuras, dejando al dios embaucador derrotado.

Thjalfi declara que es un corredor rápido, así que se organiza una carrera entre él y un hombre diminuto llamado Hugi. Corren tres veces, y Hugi vence decididamente a Thjalfi en todas las ocasiones.

Finalmente, le llega el turno a Thor. Primero, intenta un concurso de beber. A pesar de beber tres colosales tragos, es derrotado contundentemente. Luego, en una prueba de fuerza, se ve incapaz de levantar a un gran gato gris, solo consiguiendo levantar una de sus patas con gran esfuerzo. Thor pierde los estribos y le exige que luche con uno de los gigantes de la sala. Ninguno de ellos quiere luchar, diciendo que Thor es claramente un adversario indigno. Útgarda-Loki llama a su nodriza, Elli, una anciana marchita, para que luche, y ella y Thor comienzan a forcejear. De nuevo, Thor se ve superado sin remedio y Elli lo derriba. Después, Útgarda-Loki, tan bueno como su palabra, les da habitaciones para pasar la noche después de que hayan comido.

A la mañana siguiente, el desmoralizado grupo es recibido por su anfitrión, que les pregunta cómo se sienten por las contiendas de la noche anterior. Thor le dice que no puede entender cómo ha podido fracasar tanto y teme por su reputación. Útgarda-Loki les revela que él y Skrymir son uno mismo y que no todo es lo que parecía. Los tres golpes que Thor había asestado en la cabeza del gigante mientras dormía eran tan poderosos que casi lo habían matado y habían creado grandes valles en el paisaje. En su contienda, Loki se había enfrentado a un fuego salvaje que devoraba rápidamente todo a su paso. Thjalfi había corrido contra el pensamiento, y Thor había bajado el nivel del mar con su bebida. El gato que había intentado levantar era en realidad la serpiente Jörmungandr. Cuando levantó su pata, en realidad la había elevado hacia el cielo. La anciana Elli era, de hecho, la vejez, algo que nadie puede vencer.

Tras decirles que en realidad eran unos oponentes formidables, Útgarda-Loki dice que espera que no vuelvan a encontrarse. El furioso Thor comienza a blandir su martillo, pero el gigante y el castillo desaparecen.

En otro mito, relatado tanto en la *Edda poética* (*Hymiskvida*) como en la *Edda prosaica* (*Gylfaginning*), el dios del mar Ægir y su esposa Rán planean un banquete para los æsir en su gran salón bajo las olas. Sin embargo, necesitan un caldero lo bastante grande para preparar hidromiel para todos sus invitados. El dios Tyr sabe que el jotun Hymir tiene el más grande, y Thor se ofrece voluntario para ir a Jötunheim con el fin de obtener este caldero.

Hymir no se alegra de ver a Thor, ya que el dios es amigo de Midgard. No obstante, se prepara para la estancia de Thor sacrificando tres toros. Para la primera noche, Thor ya se ha comido dos de ellos. Al día siguiente, Hymir, molesto por el ridículo apetito de su invitado, sugiere una excursión de pesca y envía a Thor a buscar cebo. Sin mucha gracia, Thor regresa con la cabeza del mayor de los toros que le quedan a Hymir. No obstante, los dos reman mar adentro. Hymir está encantado de pescar dos ballenas, pero Thor parece no inmutarse y empieza a remar la barca cada vez más lejos, adentrándose en aguas más profundas. Hymir protesta, recordando a Thor que son los dominios de la horrible serpiente Jörmungandr, pero Thor continúa hasta que finalmente echa el sedal. Pronto queda claro que Thor ha enganchado al monstruo. El agua del mar empieza a caer sobre ellos mientras se agita en el extremo del sedal de Thor, y el barco amenaza con desmoronarse.

Alarmado, Hymir grita a Thor, diciéndole que deje marchar a Jörmungandr, pero Thor, consciente de que su destino es luchar a muerte contra ella, se niega y se mantiene firme en la barca que se desintegra. Cuando la cabeza de la serpiente emerge del agua, Thor coge su martillo para acabar con ella. Justo cuando estaba a punto de golpear, el aterrorizado Hymir corta el cabo. Jörmungandr vive para luchar otro día. Thor se enfurece y, con un rugido, arroja a Hymir por la borda. Luego regresa a Asgard con el caldero del jotun y las dos ballenas colgadas del hombro.

En la *Edda poética* (*Hymiskvida*), la historia es similar, pero en el momento en que Thor atrapa a la serpiente, los volcanes entran en erupción y un gran terremoto hace que Thor pierda su agarre. Jörmungandr se desliza de nuevo al mar. Después, Hymir lleva a Thor de vuelta a su salón y lo reta a intentar romper su copa indestructible. Thor la rompe contra su cabeza y luego se marcha rápidamente con el caldero mientras es perseguido por gigantes.

En la profecía del Ragnarök, Thor luchará a muerte contra Jörmungandr y, en cierto modo, este mito despierta el apetito para este gran combate final.

Antes de ese terrible día, Thor vive una aventura particularmente estresante cuando le roban su amado martillo, Mjölnir. Al darse cuenta de que ha desaparecido, recurre a Loki, diciéndole que sospecha que uno de los jǫtnar lo ha robado. Loki toma prestada la capa de plumas de halcón de Freyja y sobrevuela Jötunheim hasta la sala de Thrym.

El jotun admite de buen grado haber robado el Mjölnir y le dice a Loki que los æsir no pueden esperar encontrarlo. Lo ha enterrado bajo tierra, pero lo devolverá si Freyja se convierte en su esposa.

Loki regresa y encuentra a Thor esperándolo. Cuando se entera de la demanda de Thrym, le dice a Freyja que debe prepararse para su boda. Como era de esperar, Freyja no quiere saber nada y deja que los æsir resuelvan el dilema por sí mismos. Sin Mjölnir, la ciudadela es mucho más vulnerable a los ataques de los jǫtnar merodeadores.

Finalmente, Heimdal sugiere un plan descabellado. Thor, cuya estatura es tal que el puente arcoíris de Bifröst no puede soportar su peso, debería vestirse como la encantadora y voluptuosa Freyja. Con un velo, Thrym y los jǫtnar se dejarán engañar. Thor es muy reacio a abrazar su feminidad, pero finalmente accede cuando se da cuenta de que es la única forma de reunirse con su martillo.

Vestido para el matrimonio y luciendo el precioso collar Brisingamen, Thor se pone en camino con Loki a su lado, que va vestida como su sierva. Cuando Thrym ve que tendrá a su «novia», prepara un magnífico banquete nupcial digno de la gran diosa Freyja.

Una representación de principios del siglo XX de Thor vestido como Freyja [7]

La comitiva nupcial se prepara para el banquete y la novia con velo bebe un océano de hidromiel y consume un buey entero antes de que su prometido haya empezado a comer. Después, «ella» devora ocho salmones de tamaño considerable, uno tras otro, sin pausa, antes de echar un vistazo a algunos de los demás manjares.

Antes de que Thrym sospeche demasiado del asombroso apetito de su novia, Loki le cuenta que Freyja estaba tan emocionada ante la perspectiva de casarse con él que había sido incapaz de comer durante más de una semana. Esto apacigua las dudas de Thrym durante un tiempo. El ágil Loki también es capaz de explicar la barba de Freyja y su voz airada y gruñona.

Audazmente, el jotun se inclina y levanta un poco el velo de su novia, revelando los ojos de Thor que arden como el fuego. Alarmado, se vuelve hacia Loki, quien le explica que Freyja tampoco ha podido dormir por la anticipación. Para entonces, la mayoría de los invitados a la boda jǫtnar están cada vez más inquietos.

Una de las hermanas de Thrym pide a la novia una prenda nupcial para sellar su amistad, pero la novia con velo permanece en silencio y no se mueve. Thrym, ansioso por complacer a Freyja, exige que Mjölnir sea llevado a la mesa para que ella pueda ver que es honorable.

Tan pronto como el martillo está al alcance de Thor, este se despoja de su velo y blande a Mjölnir, invocando todo su poder y fuerza. Con grandes truenos y relámpagos, Thor derriba a varios jǫtnar y destruye la sala, con el techo y las paredes en llamas, derrumbándose para aplastar a los invitados restantes mientras él y Loki parten en una nube de truenos.

Thor luchando contra gigantes [8]

Capítulo diez: Criaturas legendarias de los mitos nórdicos

Los reinos nórdicos están habitados por criaturas y entidades con las que es mucho más difícil identificarse que con los dioses, aunque siguen proporcionando asombro y fascinación. Algunas criaturas son «más bellas de mirar que el sol», como los Ljósálfar (elfos de luz) de Álfheim, mientras que otras inspiran miedo, repugnancia y horror[i].

Solo se conocen los detalles más escasos sobre los elfos de la luz, que están gobernados por Freyr. Regularmente en compañía de los vanir y los æsir, parecen ser bienvenidos entre los dioses y diosas. Hay elfos que disfrutan del festín de Ægir y luego contemplan atónitos, presumiblemente, el vicioso y malhablado parloteo de Loki en *Lokasenna*, en la *Edda poética*. Algunas historias posteriores basadas en los mitos sugieren que Freyr y Freyja son elfos y que Vanaheimr y Álfheim se han convertido en una misma cosa.

También existe la sugerencia de que los elfos de la luz son equivalentes a los ángeles. En la *Edda prosaica*, se revela que existen otros reinos más allá de los nueve, pero son tan remotos y abstractos que apenas son conocidos por los seres más sabios del cosmos nórdico (conocido). Uno es Andlàngr, que alberga las almas de los muertos tras el Ragnarök y está «al sur y por encima de este cielo nuestro». Por encima de este reino está

---

[i] La *Edda prosaica - Cuentos de la mitología nórdica*. Traducido por Jesse Byock. Snorri Sturluson. Penguin Classics, 2005.

Gimlé, y por encima de este Vidbláinn. El personaje Alto admite: «Creemos que solo los elfos de luz habitan estos lugares por el momento»[i].

Volündr, el maestro herrero casado con la valquiria Hervör, es identificado como un elfo, pero sus acciones son un tanto vengativas y espeluznantes para un ser tan etéreo y virtuoso, incluso teniendo en cuenta las provocaciones que soportó. En la *Edda poética*, en *Völundarkvitha,* se revela que ha sido capturado por el rey Nithuth, quien le corta los tendones para impedir que escape antes de ponerlo a trabajar en la isla de Sævarstod, donde fabricará baratijas preciosas. La historia se vuelve entonces cada vez más oscura. Cuando los hijos del rey visitan su taller, el duende no tarda en matarlos. «El mal estaba abierto cuando entraron; les cortó la cabeza y les escondió los pies»[ii]. Luego hace cálices con sus cráneos para su padre, joyas con sus ojos para su madre y broches con sus dientes para la hija del rey. Después viola a la hija del rey y la deja embarazada de un hijo, Vidga (personaje de varias baladas escandinavas). Volündr vuela al palacio real con unas alas mecánicas de oro que él mismo ha fabricado (en algunos de los mitos, utiliza el manto de cisne de su esposa, la valquiria) para contarle al miserable rey Nithuth lo que ha estado tramando. Este mito, que tiene diversas variantes, se conoce como Wayland el Herrero en inglés antiguo y también aparece en los cuentos populares tradicionales del alemán antiguo, el frisio antiguo y el francés antiguo.

Los primos de los elfos de la luz, los Dökkálfar, están representados en varios mitos de las Eddas, así como en sagas y folclor. A muchos de ellos se los menciona por su nombre.

Skáldskaparmál en la *Edda prosaica* habla de cómo se crea el Mjölnir. El dios de las travesuras, Loki, encuentra a la esposa de Thor, Sif, durmiendo y piensa que será una gran broma cortarle y robarle su maravillosa cabellera dorada. Cuando Thor regresa y encuentra a Sif llorando con la cabeza rapada, se enfurece. Cuando alcanza a Loki, lo agarra por el cuello y lo zarandea como a una rata.

---

[i] La *Edda prosaica - Cuentos de la mitología nórdica*. Traducido por Jesse Byock. Snorri Sturluson. Penguin Classics, 2005.

[ii] La *Edda poética*. Traducido por Carolyne Larrington. Snorri Sturluson. Oxford University Press, 2014.

Pidiendo clemencia, Loki dice que conseguirá que los enanos le hagan a Sif una corona de hermosos cabellos. Será incluso mejor que los mechones que él le había quitado. En contra de su buen juicio, Thor hace que Loki lo jure y lo libera. Thor ama a su esposa y no puede soportar verla tan afligida.

Loki va a Svartálfheim y le pide a uno de los artesanos enanos que le haga a Sif una corona de pelo dorado que se adherirá mágicamente a su cabeza y crecerá como el pelo natural. Le promete cualquier cosa que el enano le pida a cambio.

El enano y sus compañeros están encantados de tener la oportunidad de impresionar a los dioses. Afirman que le proporcionarán la hermosa cabellera y dos regalos más: una lanza que nunca fallará su objetivo y un barco que siempre encontrará una brisa favorable y que puede plegarse para que quepa en el bolsillo de su dueño. Encantado, Loki lleva estos tesoros a Asgard e insiste en que estos enanos no pueden ser igualados por su artesanía a cualquiera que le escuche.

Un enano llamado Brokkr oye los alardes de Loki y cree que su hermano, Sindre, puede fabricar objetos aún mejores y se lo dice. Cuando habla, Loki le dice airadamente que si puede hacer tres mejores tesoros, ¡puede quedarse con su cabeza!

Sindre comienza a trabajar en una piel de cerdo que echa en su horno. Brokkr trabaja el fuelle para crear el intenso calor necesario para los encantamientos especiales. Mientras trabaja, un tábano pica el brazo de Brokkr, pero el enano sigue soplando con decisión. Entonces, Sindre arroja un anillo de oro al fuego. Cuando Brokkr se pone a trabajar de nuevo con el fuelle, el tábano regresa y le pica el cuello con fuerza. Aun así, el enano no hace caso y continúa su trabajo.

Finalmente, Sindre pone un hierro en el fuego y Brokkr vuelve a coger el fuelle con determinación. Esta vez, el tábano (que a menudo se cree que es Loki disfrazado) le muerde entre los ojos. Esta picadura es tan fuerte que Brokkr no puede ver lo que está haciendo. Deja de trabajar un momento para apartar al bicho con la mano.

Con el trabajo hecho, Brokkr lleva sus tesoros a Asgard, donde Thor, Odín y Freyr han acordado juzgar el concurso. Primero, Loki le da a Sif su corona de pelo. Ella está encantada de que su belleza haya regresado. A continuación, entrega a Odín la lanza y a Freyr el barco.

Brokkr regala a Freyr un jabalí dorado que es tan rápido como cualquier caballo. Sus cerdas brillan tanto que pueden hacer que una noche oscura sea tan clara como el día. Luego le da a Odín un brazalete de oro que se multiplicará en nueve cada novena noche. Cada nuevo brazalete será tan grande y pesado como el primero. Finalmente, le da a Thor el martillo Mjölnir y le dice que nunca fallará. No importa lo lejos que lance el martillo, siempre volverá a él. Su único defecto es que su mango es corto, debido a un descuido momentáneo al accionar el fuelle. Una vez que Thor ha probado el martillo, los dioses acuerdan que Brokkr y Sindre han ganado la contienda.

Loki intenta escapar, pero Thor lo trae de vuelta. Brokkr exige su premio: La cabeza de Loki. Finalmente, Loki acepta que tendrá que acceder, pero, con un destello de genialidad, dice que no permitirá que Brokkr le toque el cuello (una historia que recuerda al trato de Shylock en *El mercader de Venecia*, de Shakespeare). Brokkr no estaba del todo derrotado. Cogió un punzón y cosió con fuerza los labios fanfarrones de Loki.

Brokkr y Sindre son personajes mucho más razonables y simpáticos que muchos de los enanos de la mitología nórdica. Fáfnir era hijo de Hreidmar, otro enano, y tenía dos hermanos llamados Ótr y Regin. Un día, Odín, Loki y el dios Hœnir se encontraban en la cascada de Andvari, que era un enano increíblemente rico que podía convertirse en una pica a voluntad.

Cuando Loki divisó una nutria, la mató por su piel, sin darse cuenta de que era el enano metamorfo Ótr. Al continuar, los dioses se encontraron con la morada de Hreidmar. Tenían intención de dormir allí, pero en cuanto su anfitrión vio la piel de nutria de Loki, exigió airadamente el precio en sangre de su hijo (*weregild*).

Loki y Odín volvieron a la cascada para encontrar el tesoro de Andvari bajo el agua. Mientras sacaban su místico anillo buscador de oro y su yelmo del terror, Andvari observó, lleno de resentimiento, cómo se veía incapaz de impedir que los dioses se apoderasen de su riqueza. Lo único que podía hacer era maldecir el tesoro, prometiendo la desgracia a cualquiera que lo poseyera.

El tesoro es entregado a Hreidmar, y los dioses continúan su camino. Sin embargo, Fáfnir se ve repentinamente presa de la avaricia. Mata a su padre y, para impedir que su hermano con vida reciba su parte, se lleva el tesoro de Andvari a una cueva del bosque y permanece allí, guardándolo celosamente.

A medida que su tesoro crece, gracias al anillo encantado, la maldad de Fáfnir le atrapa. Poco a poco se transforma en un terrible dragón.

Regin, el hijo que le queda a Hreidmar, quiere vengar a su padre. Fabrica una espada mágica y se la da a Sigurd, el legendario héroe nórdico, que acepta emprender la búsqueda para matar al dragón.

Sigurd encuentra la cueva de Fáfnir y averigua dónde va a beber. Cava allí una zanja y el dragón no tarda en caer en ella. Sigurd le abre el vientre con su espada. Mientras muere, Fáfnir advierte a Sigurd sobre la maldición.

Regin pide a Sigurd que extraiga el corazón del dragón y lo ase al fuego. Mientras se ocupa de las llamas, se quema un dedo. Cuando se lleva el dedo herido a la boca, ingiere parte de la sangre del dragón. Inmediatamente, recibe un don increíble: puede entender el lenguaje de los animales. Mientras Sigurd escucha el parloteo de los pájaros, se entera de que el traicionero Regin planea matarlo para poder hacerse con el tesoro. Sigurd coge su espada y mata a Regin mientras duerme y luego se come el corazón de Fáfnir y se bebe la sangre del otro enano por si acaso. Luego, habiendo acumulado mayor sabiduría y comprensión, se marcha con el tesoro de Andvari.

En el *Skáldskaparmál* de la *Edda prosaica*, que Snorri Sturluson basó en el poema eslavo del siglo X, *Haustlöng*, Thor acepta batirse en duelo con el jotun de cabeza de piedra (y corazón de piedra) Hrungnir. Los jǫtnar son conscientes de la destreza de Thor en la batalla, por lo que se sienten inquietos ante la perspectiva de este combate. La derrota de Hrungnir significaría una deshonra para ellos.

Los jǫtnar deciden dragar el río en Grjotunagarder. Utilizaron la arcilla del lecho del río para construir un enorme gigante. Este gigante es tan grande que su cabeza queda parcialmente oculta por las nubes. Los jǫtnar dan a su creación un corazón de yegua y, cuando cobra vida lentamente, le dan el nombre de Becerro de la niebla (o Mökkurkálfi).

Thor y su sirviente Thjalfi llegan para el combate. Thjalfi engaña a Hrungnir haciéndole creer que Thor viene hacia él desde debajo de la tierra. Hrungnir, armado con una piedra de afilar, se ve entonces sorprendido por el martillo de Thor, Mjölnir, que vuela hacia él. Rápidamente, lanza su piedra, pero cuando las armas hacen contacto en el aire, el martillo rompe la piedra en pequeños fragmentos que vuelan en todas direcciones. Los trozos que caen sobre Midgard forman canteras de piedra de afilar.

Mjölnir sigue volando hacia Hrungnir y golpea su cabeza de piedra, aplastándola. Mientras cae muerto, Thor queda atrapado bajo una de las enormes patas del gigante. Aunque Thor está atrapado, Thjalfi ataca las piernas del gigante con su hacha hasta que el gigante de arcilla se derrumba, sacudiendo el suelo al caer.

Finalmente, el hijo de Thor, Magni, levanta la pierna de Hrungnir, liberando a Thor. Sin embargo, Thor se queda con un fragmento de la piedra de afilar clavado profundamente en la cabeza, lo que le causa mucho dolor de vez en cuando.

Otras criaturas mitológicas que pueden haber sido muy conocidas por los vikingos incluyen a Selkolla, una encantadora joven con cabeza de foca. Sin embargo, el primer relato conocido de este extraño ser se encuentra en la *Saga de Gudmundar*, que narra la vida del obispo Gudmundur Arason (1161-1237). Es decir, más de un siglo después de que la época vikinga llegara a su fin. Del mismo modo, el Fossegrimen, una especie de espíritu del agua, y las huldras, sirenas del bosque que atraen a los jóvenes hacia el peligro con sus bellas voces o su música de arpa, se consideran parte del folclore nórdico, pero no se cree que fueran populares durante la época vikinga.

Capítulo once: Loki, el dios embaucador, y el principio del fin

El más complejo y contradictorio de los dioses nórdicos —si es que es, de hecho, un dios— es Loki. A diferencia de las demás deidades, no tiene un área de responsabilidad clara y no se conoce ninguna sala en la que resida en Asgard, Vanaheim o Jötunheim. Es un errante sin morada fija.

No se conocen cultos ni adoradores de Loki entre las culturas vikinga o nórdica primitiva. Existe la posibilidad de que Loki evolucionara a lo largo de los tiempos y que en realidad derive de dos entidades: el embaucador Loki de las Eddas y un «espíritu doméstico», o *vættr*, que vivía bajo la chimenea y ayudaba en las labores agrícolas para aportar riqueza a la granja. Se cree que esta es la raíz de la antigua asociación de Loki con el fuego, algo a lo que no se alude en absoluto en las Eddas.

Para aumentar la confusión, el personaje tradicional de los cuentos populares noruegos Askeladden, «chico de las cenizas», está estrechamente relacionado con Loki. Ciertamente, comparten una inteligencia y un coraje similares, pero Askeladden es generalmente un niño abandonado, obligado a dormir en las cenizas de la chimenea, pero que llega a alcanzar grandeza, riqueza y estatus (muy en la línea de la historia de Cenicienta de la pobreza a la riqueza). Es difícil ver mucho de la visión moderna de Loki en la historia de Askeladden.

Loki desempeña un papel en casi todos los mitos vikingos. Con frecuencia se lo presenta como el solucionador de problemas de los æsir. A menudo, pero no siempre, llega para aliviar situaciones en las que ha tenido algo que ver. Sin embargo, es mucho más que eso. Loki es un bufón metamorfo, un embaucador, un amigo necesitado, un conveniente chivo expiatorio y, a medida que las historias se acercan a su fin, un auténtico demonio. Pero antes de las Eddas, hay pocas pruebas de que Loki existiera, aparte de unas cuantas piedras rúnicas que datan de entre los años 700 y 1000 de nuestra era y que parecen representar escenas de mitos en los que Loki es un personaje central.

Según el *Gylfaginning* de la *Edda prosaica*, el padre de Loki era el jotun Fárbauti («golpeador cruel»), y su madre, la diosa æsir Laufey («hojas» o «follaje»), también conocida como Nál. Tiene dos hermanos, Byleistr y Helblindi. Aparte de sus nombres, poco se sabe de la familia de Loki.

Desde una edad temprana, Loki se alineó con la raza de su madre (esto queda claro por su nombre de pila, Loki Laufeyson). En el *Lokasenna*, revela que él y Odín, que eran ambos mitad jotun, en algún momento se convirtieron en hermanos de sangre: «Recuerda, Odín, que en los viejos tiempos nuestra sangre se mezcló». Los dos viajan juntos a menudo y parecen disfrutar de su mutua compañía.

Aunque a menudo se argumenta que todos los dioses nórdicos tienen caracteres defectuosos y se entregan a acciones decididamente poco caballerosas y mezquinas, Loki resulta algo distinto. En los mitos, se lo retrata como escurridizo, astuto, intrigante, cobarde y temerario. La mayoría de sus maquinaciones se quedan en nada y rara vez acaba con ventaja a pesar de todas sus astutas artimañas.

En una historia que ilustra bien su papel en los mitos, Loki, Odín y Hœnir (uno de los dioses æsir intercambiado por Freyja, Freyr y Njörd para resolver la guerra æsir-vanir) viajan por una zona remota y montañosa. Están hambrientos y lejos de casa cuando se cruzan con una manada de bueyes. El grupo decide matar a uno de ellos para comérselo. Pero por mucho que lo intentan, la carne permanece cruda. Los dioses no pueden entender cómo puede ser esto hasta que una gran águila posada en un árbol cercano comienza a hablarles. Les revela que ha encantado la carne. Si le prometen darle una parte, liberará al buey de su hechizo. Los dioses acceden, pero una vez que la cena está lista, el águila baja volando y se da un festín con los mejores trozos de la carne. Molesto, Loki coge un gran palo y golpea al águila, pero el ave gigante atrapa el palo entre sus garras y se aleja volando con Loki aún aferrado a él.

Loki grita al águila, exigiendo que le permita bajarse. El gran pájaro se revela como Thjazi, el hechicero jotun, y hace jurar a Loki que le traerá a la diosa Idunn y sus manzanas de oro antes de dejarlo ir.

Después de que los tres dioses hayan regresado a Asgard, Loki, consciente del juramento que había hecho a Thjazi, visita a Idunn y le cuenta que ha descubierto manzanas aún más espléndidas que las suyas en un bosque fuera de los muros fortificados de Asgard. Curiosa, Idunn va con él para compararlas con las suyas, pero Thjazi, en su disfraz de águila, la está esperando y huye con ella.

Sin Idunn y sus maravillosos frutos, los dioses y diosas pronto empiezan a envejecer. Encanecidos, arrugados y cada vez más enfermos, se reúnen para averiguar adónde ha ido. Una vez que han comprobado que fue vista por última vez saliendo de Asgard con Loki, lo apresan y le exigen que la devuelva de inmediato o será asesinado.

Freyja le presta su capa mágica de plumas de halcón, que le permite transformarse en ave rapaz. Loki vuela hacia Thrymheim («hogar del trueno»), el gran salón de Thjazi en Jötunheim. Cuando Loki llega, Idunn está sola, ya que su raptor ha salido a pescar. Rápidamente, Loki la convierte en una nuez y se la lleva como un halcón. Sin embargo, Thjazi no tarda en darle caza cuando regresa y descubre que Idunn ha desaparecido. Loki llega sano y salvo a Asgard y devuelve Idunn y sus manzanas a los dioses. A continuación, organiza la construcción de un gran fuego en el vasto patio del reino. Sus llamas prenden fuego a las plumas de águila de Thjazi. Cuando Thjazi cae al suelo, los dioses lo rodean y muere.

Las payasadas de Loki proporcionan a menudo un elemento de comedia. A pesar de su propensión a engañar y maquinar, rara vez es el benefactor. En la mayoría de los casos, es llamado por los dioses para corregir un error o aliviar una situación que no es necesariamente de su propia cosecha.

En un vago pasaje de la *Völuspá* de la *Edda poética*, los rasgos más oscuros de Loki se explican porque se comió parte de un corazón medio cocido (a veces se dice que era el de la diosa vanir Gullveig en el momento de su tortura a manos de los æsir). Este corazón contenía el alma de una «mujer malvada» y el resultado fue que dio a luz a tres monstruos: la diosa Hel, el lobo Fenrir y la horrible serpiente Jörmungandr. En otras historias, estos niños nacieron de una relación con la jotun Angrboda («presentimiento»), conocida como la «bruja de los bosques». Loki también formó una familia con su devota esposa Sigyn («dadora de victorias») y tuvo uno (o dos) hijos con ella, Váli y/o Narfi.

En el mito de Baldr y Höðr, los hijos de Odín y Frigg, podemos ver la evolución del señor de las travesuras. Pasa de ser un dios siempre dispuesto a ayudar a los dioses cuando se lo requiere con sus ideas tramposas y poco convencionales y su rápido ingenio a convertirse en un personaje realmente desagradable, siniestro y vicioso.

Baldr, hijo de Odín y Frigg, era el dios de la luz, la alegría y el verano. Era querido por todos, no solo por su belleza y bondad, sino también por su sabiduría, en particular por su talento para el arbitraje. Resolvió muchas discusiones y disputas en Asgard y Midgard.

Una noche, Baldr y su madre sueñan la misma visión que predice su muerte. Cuando Frigg se lo cuenta a Odín, este se apresura a ir a Hel para averiguar si se trata de una profecía. Allí encuentra a una völva muerta a la que resucita. Aunque está decididamente malhumorada por ser despertada de su último descanso, Odín le pide que utilice sus dones para ver el futuro. Ella le dice que Baldr morirá y que todo Asgard lo llorará.

Cuando Odín le cuenta a Frigg lo que ha aprendido, ella está decidida a que su glorioso hijo no muera. Hace que todo jure no hacerle daño; «fuego y agua... así como hierro y metal de todo tipo, piedras, tierra, árboles, enfermedades, bestias, pájaros, veneno, serpientes»[i]. Baldr estaba a salvo, o eso creían todos. Como están tan seguros, se convierte en un juego habitual arrojarle lanzas y armas. Se sienten seguros sabiendo que saldrá ileso.

Sin embargo, Loki se siente irritado por la inmunidad de Baldr al daño. Se transforma en una anciana y le pregunta a Frigg si es cierto que realmente convenció a todas las cosas para que hicieran su juramento. Ella reconoce que no se molestó con el humilde muérdago, ya que era muy joven.

El dios de las travesuras se escabulle en busca de una ramita y la convierte en dardo. Cuando encuentra a los dioses haciendo su deporte habitual y a Baldr disfrutando de la diversión, le da el muérdago al hermano de Baldr, el ciego Höðr, y lo anima a unirse. Loki incluso guía su brazo para que el dardo encuentre su objetivo. Höðr hiere mortalmente al pobre Baldr. Mientras agoniza, Odín susurra al oído de su

---

[i] *La Edda prosaica - Cuentos de la mitología nórdica.* Traducido por Jesse Byock. Snorri Sturluson. Penguin Classics, 2005.

hijo. Estas palabras, aunque importantes, se han perdido, pero el acto en sí se menciona en las Eddas (como en *Gylfaginning* de la *Edda prosaica*). Generalmente, se presume que Odín le dijo a Baldr que sobreviviría al Ragnarök.

La muerte de Baldr [9]

Frigg, casi loca de dolor, pide que alguien vaya a rogar a Hel que libere a su hijo. Hermod, hermano de Baldr, toma el caballo de Odín, Sleipnir, para emprender el largo viaje a Helheim. Allí encuentra a Baldr, solitario y desdichado, y suplica a Hel que lo libere como le había prometido a Frigg. Le dice que Baldr es el más amado de todos los dioses y que todo está de luto por su pérdida. Hel accede a liberarlo con la condición de que antes todo llore por él.

Todo llora: dioses, humanos, animales, plantas e incluso piedras gritan de dolor. Todo eso excepto una vieja giganta llamada Thökk, que es Loki disfrazado. Esta giganta se limita a sentarse en su cueva y se niega a llorar. Devastados, los æsir se ven obligados a aceptar que Baldr está perdido para ellos. Su cuerpo y el de Nanna, su esposa, son depositados en su barco, *Hringhorni*, que luego es incendiado en el mar. Este rito se asocia comúnmente con la tradición vikinga, pero es probable que no se celebrara, al menos no en la escala que la mayoría de la gente supone.

Odín quiere castigar al asesino de su hijo muerto. Tiene dos hijos con la giganta Rindr. En un relato especialmente desagradable de la *Gesta Danorum*, escrita por Saxo Grammaticus en el siglo XIII, Odín la vuelve loca y luego la viola. Sus hijos, Vidar, el dios silencioso de la venganza, y Váli, el dios de la venganza, alcanzan la madurez en un día. Váli mata a su hermanastro, el ciego Höðr, tal y como había nacido para hacer.

Según *Lokasenna* («Los sarcasmos de Loki») en la *Edda poética*, Loki se vuelve infinitamente más malévolo y desagradable tras la muerte de Baldr. Mientras los dioses se reúnen en la isla de Hlesey en el salón de Ægir, el hospitalario dios del mar, Loki toma a uno de los sirvientes de su anfitrión y lo mata. Indignados, los dioses expulsan a Loki. Tras lamerse las heridas en el bosque, irrumpe de nuevo en el salón donde los dioses y diosas han reanudado su festín.

Los dioses reunidos están consternados, pero Odín insiste en que se permita a Loki sentarse. Le advierte al dios embaucador que se comporte. Sin embargo, Loki no está dispuesto a ello. Acusa al dios Bragi de ser un cobarde y a su esposa, Idunn, que intenta evitar que reaccione, de ser una libertina y de acostarse con el asesino de su hermano.

Loki se vuelve entonces contra Odín. Se burla del interés de Odín por *seidr* por considerarlo poco viril y lo compara con una bruja. Odín señala secamente que no es él quien ha tenido varios hijos. Frigg intenta calmar la situación sugiriendo que deberían olvidar el pasado y seguir adelante. Loki tiene otras ideas y la acusa de ser una ramera y de acostarse con los hermanos de Odín mientras este no estaba.

Finalmente, Loki comete el error fatal de revelar que estuvo detrás de la muerte de Baldr. Freyja, furiosa, le dice que Frigg ya lo sabe, aunque no lo haya dicho, ante lo cual Loki la acusa de haberse acostado con todos los dioses y elfos de la sala. Cuando ella le dice que miente y le advierte que lamentará sus palabras, él la acusa de acostarse con su hermano.

Njörd, el padre de Freyja, no mejora las cosas. Tras proponer que en realidad no importa quién se acuesta con quién, casado o no, intercambia insultos con Loki. El dios de las travesuras hace más afirmaciones sobre relaciones incestuosas entre las deidades vanir, que no son desmentidas. En este punto, el dios Tyr señala que el dios vanir Freyr es «el más noble de todos los dioses valientes», pero Loki lo acorrala y le recuerda que perdió su mano a manos de Fenrir, el hijo de Loki.

Freyr habla en nombre de Tyr y es insultado. A continuación, Loki se ensaña con el sirviente de Freyr, luego con Heimdal y después con Skadi, que le dice: «No estarás suelto, girando la cola, mucho más tiempo. Los dioses te atarán a un peñasco con las tripas arrancadas de tu hijo helado». Loki le responde que él dirigió la partida que capturó y mató a su padre, el jotun Thjazi.

Sif, la esposa de Thor, intenta calmar la situación, declarando que ella está «totalmente libre de culpa», pero Loki replica que ha disfrutado de una noche con ella. Volviéndose hacia los otros sirvientes de Freyr, hace algunos comentarios particularmente viles y xenófobos cuando Thor entra, furioso, habiendo oído algo de lo que Loki había dicho.

Thor amenaza a Loki, quien, a su vez, lo llama «hijo de la tierra», Loki le recuerda algunas de sus escapadas más embarazosas (concretamente sus fracasos en la sala del jotun Útgarda-Loki) y le recuerda burlonamente la profecía y el fin de los æsir. Loki termina diciendo ominosamente a los dioses y diosas que este será su último festín y luego se marcha, dejándolos (presumiblemente) conmocionados y consternados.

Loki es consciente de que ha ido demasiado lejos, pero no hay vuelta atrás, entre otras cosas porque ha revelado públicamente que fue el responsable de la muerte de Baldr. Huye a una zona remota en los confines de Asgard, donde se construye una cabaña oculta con varias puertas desde la que puede vigilar y escapar fácilmente si sus enemigos se acercan.

Paranoico, ansioso y preocupado por que los æsir lo alcancen, Loki sale a menudo de su casa en forma de salmón. Salta a las aguas hirvientes de las cataratas de Franang, pero, aun así, no se siente seguro y regresa a su cabaña.

Al día siguiente, mientras Loki está sentado junto a su fuego, inquieto y preguntándose qué hacer, anuda ansiosamente algunos trozos de cordel y pronto los dispone de tal manera que descubre que ha construido inadvertidamente una fina red.

Al mismo tiempo, Odín ha encontrado a Loki desde su trono, Hlidskjalf, en lo alto de Asgard. Un grupo de dioses se dispone a capturarlo. Cuando se acercan, Loki los oye. Arroja su red al fuego y corre hacia las cataratas de Franang, donde vuelve a convertirse en salmón.

El grupo de dioses entra en la cabaña de Loki y la encuentra vacía. Pero cuando observan las cenizas de la red que Loki había fabricado y se dan cuenta de que se trata de algún artilugio para capturar peces, se sientan en la cabaña y la recrean minuciosamente. Una vez terminada, la llevan a las cataratas donde Loki, en forma de salmón, se esconde. Thor lanza la red al agua. Loki consigue evitar ser capturado durante los dos primeros intentos, pero en el tercero, queda atrapado en la red. Intenta escapar de un salto, pero Thor lo agarra y lo sujeta con fuerza. Esta vez no hay escapatoria.

Algunos de los dioses llevan a Loki a una cueva oscura, mientras que los otros van tras los hijos de Loki, Váli y Narfi. Convierten a Váli en lobo, e inmediatamente se vuelve contra su hermano y lo despedaza antes de girar la cola y alejarse corriendo en dirección de Jötunheim. Los dioses extraen las entrañas del pobre Narfi y las llevan a la cueva donde yace Loki, que ya no es un pez. Se niega a mirar a ninguno de ellos e incluso a hablar. Entonces, los dioses obtienen su venganza. Lo atan a una gran losa de piedra con las entrañas de Narfi que se vuelven tan duras como el hierro una vez inmovilizado. La esposa de Loki, Skadi, trae una horrible serpiente, a la que atan sobre él de tal forma que su veneno goteará sobre su rostro.

Y allí permanece Loki, tal como dijo Skadi, atado e indefenso en una cueva oscura y húmeda. Sin embargo, Loki no está solo. Skadi decide quedarse con él, sosteniendo devotamente un plato de madera sobre su cabeza para recoger el veneno de serpiente que gotea. Cuando está lleno, y ella se marcha para vaciarlo, el veneno de serpiente que cae sobre la cara de Loki lo hace luchar tanto que hace temblar la tierra.

THE PUNISHMENT OF LOKI.
El castigo de Loki[10]

Capítulo doce: Ragnarök, el crepúsculo de los dioses

«El sol se vuelve negro, la tierra se hunde en el mar,
    las estrellas calientes bajan, del cielo se arremolinan;
    feroz crece la corriente, y la llama que alimenta la vida
    hasta que el fuego salte alto, sobre el mismo cielo».
    Völuspá, la *Edda poética*[i].

El fin del mundo, el Ragnarök, se predice en las Eddas. De forma poco habitual, la *Edda poética* y la *Edda prosaica* están, más o menos, de acuerdo en cuanto a los detalles de este Armagedón vikingo.

Comienza con los inviernos más amargos: tres años consecutivos de vientos cortantes, hielo y nieve. Nada puede crecer, no hay comida que encontrar, y los seres civilizados vuelven al salvajismo para sobrevivir. Los padres matan a sus hijos, los hermanos masacran a sus hermanos y la sociedad civilizada caerá en el olvido en una extraña orgía de incesto. «Una era del hacha, una era de la espada, una era del viento, una era del lobo», resume la völva para Odín en *Völuspá* cuando describe el preludio de la gran batalla[ii].

---

[i] La *Edda Poética*. Traducido por Carolyne Larrington. Snorri Sturluson. Oxford University Press, 2014.

[ii] La *Edda Poética*. Traducido por Carolyne Larrington. Snorri Sturluson. Oxford University Press, 2014.

El advenimiento de la batalla propiamente dicha es anunciado por Sköll y Hati, enormes y hambrientos lobos celestes que han estado cazando al sol y a la luna desde su creación. Finalmente, consiguen atrapar y devorar a su presa con todo el derramamiento de sangre y las vísceras que se esperan de una muerte así. Los cielos quedan oscuros y vacíos.

En este ominoso preludio del final, las nornas están plenamente ocupadas, tejiendo afanosamente los hilos del destino y decidiendo los destinos de los dioses, los jǫtnar y la humanidad.

El árbol del mundo Yggdrasil comienza a temblar, lo que provoca que las cadenas que sujetan al temible lobo Fenrir, que se encuentra en un estado de furia frenética tras haber sido engañado y mantenido cautivo durante tanto tiempo, se doblen y se rompan. El otro monstruoso vástago de Loki, la colosal serpiente Jörmungandr, surge del mar. Su frenético retorcimiento hace que el horrible y fantasmal barco *Naglfar* (hecho con las uñas de manos y pies de hombres y mujeres muertos) rompa sus amarras y zarpe hacia Vígríðr («llanura donde surge la batalla»), donde, según la profecía, tendrá lugar el conflicto final. *Naglfar*, del que a veces se dice que está capitaneado por Loki, transporta al gigante de hielo Hrym y a su pueblo. El barco servirá de transbordador para llevar a los gigantes de escarcha a la guerra.

Odín comprenderá que ha llegado el día del Ragnarök tras consultar la cabeza cortada de Mímir. Entonces abrirá las puertas del Valhalla y su ejército, los *einherjar*, armados y preparados, marcharán sobre Vígríðr. Es un campo «de cien leguas de largo y otras tantas de ancho», según *Vafþrúðnir* en la *Edda poética*. Odín los dirige, junto con los dioses de los æsir y los vanir.

Al mismo tiempo, el cielo se astillará y resquebrajará, permitiendo que el gigante de fuego Surtr —que sostiene en alto su espada que brilla más que el sol— guíe a los demonios o gigantes de fuego desde Muspelheim. Asaltarán el puente arcoíris Bifröst, que se desmorona a su paso, alertando a Heimdal, el vigilante de los dioses. Heimdal hará sonar el Gjallarhorn, el cuerno encantado que podía oírse en todos los reinos, llamando a todos a la guerra.

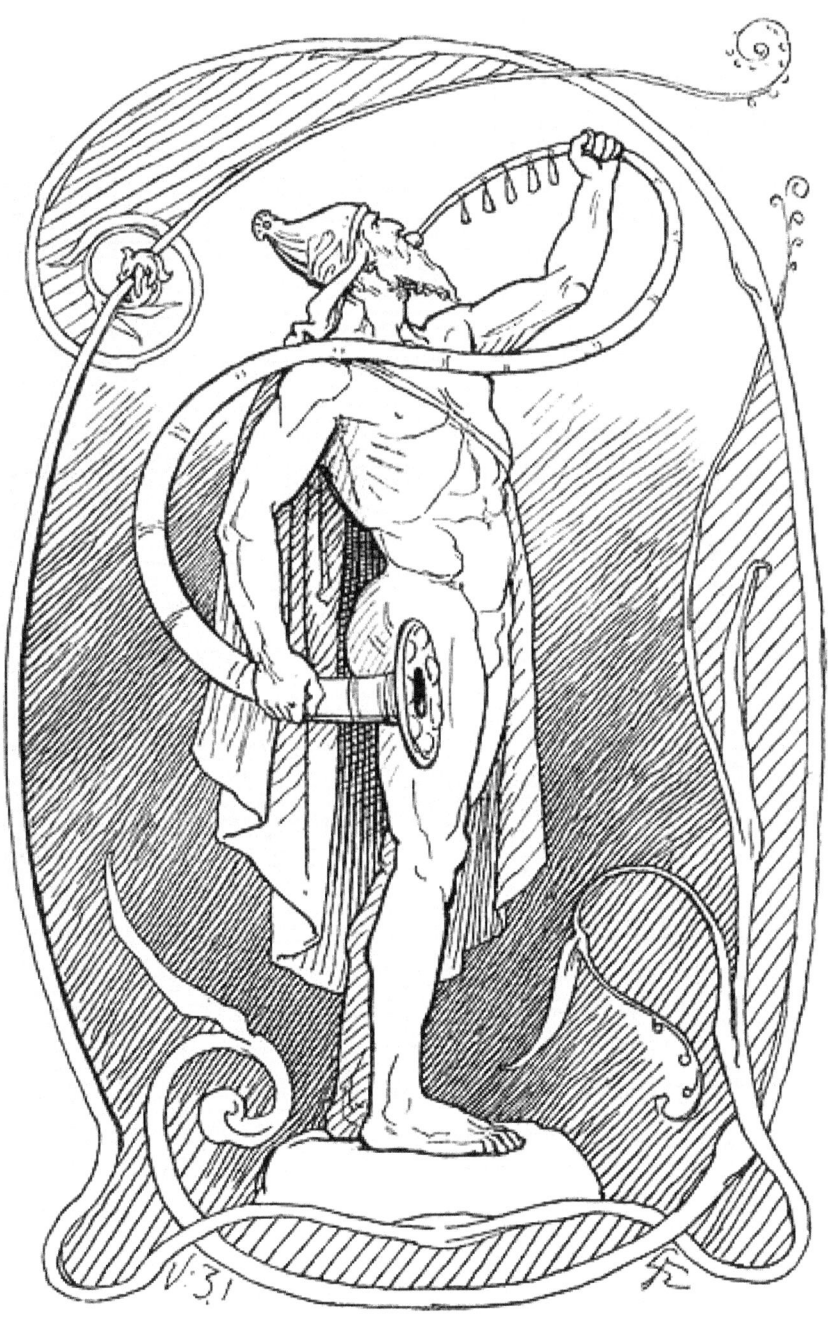
Una representación del siglo XIX de Heimdal soplando el Gjallarhorn[11]

Mientras la cabeza de Mímir cae al suelo, el *Völuspá se* refiere a Yggdrasil por última vez:

«Yggdrasil tiembla,

la ceniza, tal como está.

El viejo árbol gime,

y el gigante se libera»[i].

Comienza la batalla final. Los *einherjar* luchan valientemente, tal y como habían practicado durante su larga estancia en el Valhalla. Fenrir se acerca a Odín, con fuego ardiendo en sus ojos y fosas nasales. Tras una poderosa batalla, Fenrir devora a su enemigo. El hijo de Odín, Vidar, el silencioso dios de la venganza, ejecuta la venganza para la que nació. Lleva un zapato hecho con todo el cuero desechado por los zapateros de Midgard. Según el *Gylfaginning* de la *Edda prosaica*, pisa la mandíbula inferior de Fenrir y luego le agarra la superior con una mano. Con la otra mano, Vidar clava su espada profundamente en la garganta de la bestia, matándola.

Thor se enfrenta a su viejo enemigo, la serpiente Jörmungandr. Tras una lucha agotadora, Thor regresa tambaleándose, victorioso, pero tras dar nueve pasos, él también está muerto, por haber ingerido demasiado veneno.

El blanco y brillante Heimdal lucha contra Loki, que ha escapado de sus ataduras. Se matan mutuamente. El poderoso dios de la guerra, Tyr, lucha contra el sabueso infernal Garmr. (En el poema *Völuspá* de la *Edda poética*, sus aullidos desde Hel advierten de la llegada del Ragnarök). Ambos mueren.

El dios vanir Freyr se enfrenta a Surtr, pero como este ya no tiene armas, habiendo regalado su espada durante su cortejo a Gerd, es inútil. Tyr es rápidamente asesinado.

Con todos los dioses antiguos derrotados, Surtr levanta su espada y los reinos se hunden bajo el mar, dejando un gran vacío de la nada. Es el fin.

El tiempo pasa. Sól (o Alfrödull) tuvo una hija inmediatamente antes de ser devorada por Sköll. La nueva Sól (como fue bautizada) es tan bella como su madre y toma las riendas del carro que su madre guio una vez por los cielos.

---

[i] La *Edda Poética*. Traducido por Carolyne Larrington. Snorri Sturluson. Oxford University Press, 2014.

Un nuevo mundo comienza a evolucionar. En el campo de Iðavöllr («llanura del esplendor»), donde antes había estado la ciudad de Asgard, se reúnen los dioses supervivientes. Aparecen los hijos de Odín, Baldr y Höðr, así como sus hermanastros Vidar y Váli, este último superviviente del Ragnarök. Los hijos de Thor, Magni y Módi, también están allí con el martillo de Thor, Mjölnir. Es de suponer que también hay otras diosas y dioses que sobrevivieron, pero no se nombran en las Eddas.

Estos nuevos dioses se dispusieron a crear un nuevo mundo para ellos. «Erigieron santuarios y templos; fraguaron forjas y forjaron minerales, forjaron tenazas y fabricaron herramientas»[i]. Construyen la resplandeciente ciudad de Gimlé y viven en un salón con un reluciente techo dorado.

En cuanto a la humanidad, un hombre llamado Líf («vida») y una mujer llamada Lífprasir («vida del cuerpo») consiguen sobrevivir. Se habían ocultado en un bosque (o árbol) llamado Hoddmímis holt. Al renacer, se sustentan con el rocío de la mañana y rinden culto a Baldr. Gracias a ellos y a sus hijos, el mundo volverá a repoblarse.

«Ahora veo, la tierra de nuevo

levántese todo verde, de las olas otra vez;

las cataratas caen y el águila vuela,

y pesca, bajo los acantilados».

Völuspá, la *Edda poética*[ii].

---

[i] La *Edda Poética*. Traducido por Carolyne Larrington. Snorri Sturluson. Oxford University Press, 2014.

[ii] La *Edda Poética*. Traducido por Carolyne Larrington. Snorri Sturluson. Oxford University Press, 2014.

Conclusión

Pocas culturas siguen fascinándonos como la de los vikingos, y la popularidad de los mitos nórdicos continúa perdurando.

Los personajes más grandes que la vida, sus cualidades reconocibles y los mundos fantásticos en los que existen tienen un atractivo irresistible que ha capturado la imaginación de escritores, artistas, compositores e intérpretes a lo largo de los siglos.

Shakespeare estuvo influido por la mitología nórdica. Las brujas de *Macbeth* podrían ser fácilmente nornas, y algunas de las relaciones, en particular las que existen entre Loki y los demás dioses, tienen eco en sus obras. *Hamlet*, posiblemente la obra más poderosa de Shakespeare, trata de la venganza y la corrupción moral, y se basa en la antigua historia de Amleth, la historia del nieto del rey vikingo Rorik. En la leyenda, el celoso Feng mata a su hermano para casarse con Gerutha (la madre de Amleth), y Amleth finge estar loco para salvarse de las maliciosas intenciones de Feng. Feng envía a su ingenuo hijastro a Inglaterra con dos de sus hombres y una carta ordenando su ejecución, pero Amleth la altera para que sea una orden para que maten a sus escoltas y se casen él con la hija del rey. Después, regresa a Jutlandia, donde encuentra a Feng festejando con sus nobles. Amleth quema el gran salón y mata a Feng para vengar a su padre. Como las Eddas no se tradujeron durante su vida, Shakespeare se familiarizó con las historias a partir de tradiciones orales o de relatos u obras de teatro perdidos hace mucho tiempo.

El compositor del siglo XIX, Richard Wagner, se sumergió en la *Edda poética* y la *Edda prosaica*, convencido de que la cultura medieval encerraba verdades profundas que podrían ayudar a explicar el sentido de la vida. Sus óperas, como *Das Rheingold*, que narra la historia de Andvari, el enano que forjó un anillo mágico que fue robado por Odín (Wotan) para pagar la construcción del Valhalla, reflejan su fascinación por el tema.

El Señor de los Anillos de J. R. R. Tolkien está impregnado de mitología vikinga reformulada. Por ejemplo, está el uso de las runas y las diversas tierras que se comparan con los reinos de Midgard, Álfheim y Svartálfheim. Tolkien entrelazó sus tierras y sus habitantes con lugares y personas reales. Su personaje central, Gandalf, se compara a menudo con Odín.

El misterioso, ilusorio, omnisciente y barbudo personaje con un tufillo a brujería, el padre de todo, Odín, es un pilar de la fantasía y la ciencia ficción. Este personaje ofrece protección y guía a los buenos. Su reflejo puede verse en las películas de *La Guerra de las Galaxias* como Obi-Wan Kenobi y en la franquicia de *Harry Potter* como el profesor Dumbledore. Al igual que Odín, Dumbledore tiene que enfrentarse a complicados problemas relacionados con las profecías.

En la literatura infantil, las *Crónicas de Narnia* tienen algo más que una pizca de mitología vikinga cristianizada (el antepasado de Aslan era Balder el Hermoso). El encantador y premiado programa de animación y los libros del simpático vikingo Noggin el Nog deleitaron e informaron a los más pequeños en el siglo pasado. Los jugadores del juego de rol *Calabozos y dragones* probablemente estén muy familiarizados con las diversas criaturas y entidades que veneraban los vikingos.

Más recientemente, Thor y Loki han cautivado los corazones y las mentes de todo un nuevo público con los cómics de Marvel, los juegos y las taquilleras películas dedicadas a las aventuras de Thor y Loki. Estos aguerridos guerreros seguramente atraerían a las culturas escandinavas de donde son originarios.

Pero para los vikingos y sus antepasados, cuando la vida era dura y desconcertante, las historias de los nueve reinos, los dioses, diosas y otros seres, y la creación del cosmos y su destrucción final les ayudaban a dar sentido al mundo que los rodeaba. El ciclo de la vida y la inevitabilidad de la muerte, en los que se enmarcan los mitos, eran conceptos a los que estaban muy acostumbrados. Sin embargo, con los mitos, eran más capaces de aceptar el caos y lo inexplicable.

Los mitos son mucho más que historias interesantes. Eran cuentos con moraleja que advertían sobre las consecuencias del mal comportamiento y proporcionaban a los impresionables jóvenes nórdicos héroes a los que aspirar. Proporcionaban horripilantes historias de terror para emocionar y asustar, comedias para divertir y deleitar, y romances con bellos personajes que superaban las adversidades para sus finales felices.

No puede haber muchos que hayan leído o escuchado mitos y leyendas vikingos sin imaginarse a los viejos y enjutos ancianos nórdicos acurrucados alrededor de un cálido fuego en los oscuros meses de pleno invierno con sus extensas familias y contando las historias que habían aprendido de niños con gran fruición y dramatismo. Imagine los ojos muy abiertos de los más pequeños, deleitándose con las aventuras de Odín, los æsir y los vanir, burlándose cuando los enanos asesinos obtenían su merecido y aferrándose a sus madres ante la mención de Jörmungandr y Fenrir.

A través de estas historias extraordinarias y complejas, podemos conectar con el pasado y con nuestros antepasados. Aunque los vikingos pertenecen al pasado, aún podemos celebrar este regalo que seguirá perdurando.

Segunda Parte: Vikingos en Inglaterra

Una guía apasionante sobre el gran ejército pagano, así como las incursiones, guerras y asentamientos vikingos en Gran Bretaña

Introducción

Érase una vez, hace muchos años, un grupo de hombres barbudos que decidieron emprender una aventura que les permitiría visitar una tierra lejana y obtener beneficios. Se subieron a un barco con cabeza de dragón y salieron a mar abierto, donde desplegaron sus velas y partieron. Una semana más tarde, más o menos, avistaron tierra, saltaron de su barco y procedieron a quemar, saquear y violar su camino a través de la comunidad antes de regresar a su barco. No se trata de un cuento de hadas de los hermanos Grimm ni de algún mito de antiguas sagas. Este episodio ocurrió repetidamente en Inglaterra durante la Edad Media. Aquellos hombres barbudos tampoco eran Papá Noel ni sus ayudantes; eran vikingos, gente con la que no se debía jugar.

Los vikingos eran piratas notorios en la Edad Media. La gente temía quienes eran y lo que eran capaces de hacer. Sin embargo, debemos recordar que gran parte de lo que sabíamos sobre los vikingos procedía de clérigos que fueron víctimas de asaltos vikingos. Describían a los vikingos como brutos sin sentido. Afortunadamente, una considerable investigación ha disminuido la campaña de desinformación monástica y tenemos una imagen más clara de quiénes eran estos hombres.

Inglaterra fue uno de los principales objetivos de las incursiones vikingas, y los vikingos crearon una gran cantidad de disturbios. Sin embargo, estos terrores de alta mar eran notablemente diferentes de los asaltantes marítimos anteriores. A diferencia de los pueblos del mar de la Edad de Bronce, los vikingos hicieron importantes contribuciones a la cultura y la lengua de Inglaterra. También ocuparon un lugar destacado en el comercio de la época. La imagen que ahora tenemos de ellos es muy diferente de la que en su día retrataron los monjes en sus manuscritos.

En este libro exploraremos a los vikingos y su impacto en Inglaterra. Estudiaremos quiénes eran los vikingos, por qué eligieron Inglaterra como lugar para atacar, su impacto en la política de la época y qué contribuciones hicieron a la sociedad inglesa. No se equivoque; admitimos que los vikingos causaron mucho daño. Sin embargo, un observador objetivo debe admitir que los exploradores del mar dejaron tras de sí un legado que enriqueció a Inglaterra y a otras zonas en las que se asentaron.

La historia de los vikingos es un relato fascinante compuesto de hechos y leyendas a partes iguales. Comprender sus hazañas y su legado nos permite apreciar mejor las fuerzas que configuraron la sociedad medieval. También podemos comprender mejor cómo se desarrolló la lengua inglesa y cómo se iniciaron algunas de las costumbres jurídicas y comerciales que damos por sentadas. Los vikingos crearon más de lo que destruyeron.

Capítulo uno: Las primeras incursiones vikingas (780-850 e. c.)

A menudo se describe a los vikingos como guerreros despiadados que aterrorizaron Europa a principios de la Edad Media. Aunque los vikingos son conocidos por sus numerosas conquistas, las incursiones vikingas en Inglaterra destacan por su ferocidad e impacto en la historia inglesa. Entre los años 780 y 850 de la era cristiana, los vikingos realizaron numerosas incursiones en Inglaterra, asaltando monasterios, pueblos y ciudades, y acabaron estableciendo sus propios reinos. Estos acontecimientos desempeñaron un papel crucial en la conformación de la historia de Inglaterra y de la era vikinga.

El portador de la perdición: El *drakkar* vikingo

Los vikingos se basaban en la sorpresa y la velocidad para tener éxito. Una incursión era un asunto bastante simple; determinaban un objetivo, desembarcaban cerca de él, atacaban, saqueaban y luego se marchaban lo más rápido posible. Normalmente, los vikingos iban y venían antes de que cualquier fuerza de socorro pudiera ayudar a la región atacada.

La mayor ventaja que poseían los vikingos eran los barcos en los que navegaban. Estos eran capaces de superar a cualquier embarcación de los reyes británicos. Lo que los vikingos diseñaron fueron los barcos más innovadores de la Edad Media.

Y no se trataba de una sola embarcación en particular. Los vikingos tenían diferentes tipos de *longships* (barcos largos). Veamos algunos de ellos:

- Karvi

El *karvi* era un barco largo más pequeño y podía utilizarse como buque de comercio y transporte. El *karvi* estaba equipado con trece bancos de remo. Como podía navegar en aguas poco profundas, era ideal para el transporte y la carga. El mejor ejemplo que tenemos de un karvi *longship* es el barco de Gokstad. Descubierto en 1880, mide más de veintitrés metros (algo más de 68 pies) de eslora.

- Snekkja

La traducción de *snekkja* es «serpiente», y así de rápido era en el agua. Tenía un mínimo de veinte bancos de remo y podía transportar una tripulación de cuarenta hombres. El *snekkja* estándar medía aproximadamente diecisiete metros (unos 55 pies) de eslora. Era un barco perfecto para las expediciones al Atlántico. El *snekkja* era capaz de soportar el tiempo tormentoso y el mar agitado, lo que era esencial para cualquier viaje a través del Atlántico Norte.

- Skeid

El *skeid* era uno de los barcos vikingos más grandes. Era un barco de guerra que tenía treinta o más bancos de remos. A finales del siglo XX se excavó un *skeid* que medía 37 metros (más de 121 pies) de eslora.

- Drakkar

El *drakkar* es el clásico barco dragón de los vikingos. Destaca por sus elaboradas tallas y la cabeza de dragón que lleva en la proa. Estos barcos se construían para tener treinta o más bancos de remos[i].

Diseño

El barco largo vikingo era estrecho y ligero, con un calado poco profundo diseñado específicamente para la velocidad. Ese poco calado permitía la navegación en aguas que podían tener hasta un metro de profundidad. El diseño de la embarcación permitía desembarcos en la playa, y su poco peso permitía llevarla por encima de los porteos. Una característica importante del barco largo era su diseño de doble punta. La proa y la popa simétricas permitían al barco invertir la dirección rápidamente sin tener que dar la vuelta. Esto era útil en los asaltos, pero este diseño tenía la seguridad en mente. El mar del Norte estaba lleno de

---

[i] Discover Middle Ages. (2023, 31 de agosto). *Viking Ships*. Extraído de Discovermiddleages.co.uk: https://www.discovermiddleages.co.uk/medieval-life/viking-ships.

témpanos y otros tipos de hielo peligrosos para la navegación. Un barco vikingo podía dar marcha atrás y navegar sin problemas, a diferencia de otras embarcaciones marítimas.

Los barcos largos se fabricaban con maderas de roble, y la proa y la popa se elevaban de tres a cuatro metros de altura. El casco tenía aproximadamente cinco metros de ancho. Sorprendentemente, no existían planos estándar para los barcos largos. En cambio, los constructores navales se basaban en embarcaciones construidas con anterioridad. El barco se construía desde la quilla hacia arriba.

Primero se fabricaban las quillas y las popas, y después las tracas, que eran líneas de tablones unidos en sentido longitudinal de popa a popa. Un diseño común era el clínker, que tenía cada tablón del casco superpuesto al siguiente. Cuando los tablones alcanzaban la altura deseada, los constructores navales añadían una cuaderna interior y travesaños. La quilla era estrecha y profunda, lo que proporcionaba resistencia bajo la línea de flotación. La impermeabilización se hacía con pelo de animal, lana, cáñamo o musgo que se empapaba en alquitrán de pino.

Las velas se confeccionaban con tela de lana áspera y se sujetaban con un mástil de hasta dieciséis metros de altura. Para gobernar el barco se utilizaba un timón lateral. La velocidad media de estos barcos era de cinco a diez nudos; la velocidad máxima con buen tiempo era de aproximadamente quince nudos. Un barco vikingo no solo podía navegar con seguridad por aguas traicioneras para llegar a su destino, sino que también podía dejar atrás a cualquier embarcación que intentara atacarlo.

Construcción de un barco largos *skeid*[3]

Navegación

Los vikingos eran capaces de cruzar vastas extensiones de océano que no tenían puntos de referencia identificables. Los navegantes se basaban en la experiencia, pero existían algunos instrumentos rudimentarios de navegación que creemos que los vikingos utilizaron para que sus viajes tuvieran éxito.

Los historiadores creen que los vikingos utilizaban una brújula solar. Este instrumento muestra la dirección correcta y consiste básicamente en un puntero vertical sobre una superficie horizontal. La sombra del puntero se mueve a lo largo del día. Forma una curva que es diferente en las distintas latitudes y en las distintas épocas del año.

Los problemas surgían en los días nublados. Los vikingos tenían que tener alguna forma de navegar cuando hacía mal tiempo. Las sagas vikingas hablan de piedras solares. Se trataba de minerales que podían polarizar la luz y determinar la dirección del sol bajo la nubosidad. Hasta la fecha, no se han encontrado pruebas arqueológicas de piedras solares[i].

Armas vikingas

Ragnar Lodbrok (hablaremos más sobre él más adelante) habría ido a la batalla equipado con algunas de las mejores armas posibles. Lo que tenían los granjeros o la milicia local no era rival para lo que los vikingos llevaban como equipo personal. Si un implemento no lo mataba, un vikingo podía utilizar fácilmente otro para acabarlo.

Una excavación funeraria en Woodstown, Irlanda, nos permite conocer el armamento vikingo de mediados del siglo IX. La tumba era de un guerrero enterrado con todas sus armas. Su arsenal personal incluía una espada, un escudo, una lanza, un hacha y un cuchillo. Estas eran las herramientas esenciales de la guerra.

La espada de un hombre ocupaba un lugar de orgullo. Eran un tesoro, y un hombre pasaba su espada a su hijo, a menos que la espada fuera enterrada con un hombre. Las hojas estaban hechas de hierro, lo que significaba que quien tenía una espada era lo suficientemente rico como para permitirse el gasto de crearla, aunque los vikingos también saqueaban espadas del cuerpo de un enemigo muerto. La espada medía

---

[i] Thomsen, M. H. (2023, 10 de agosto). *Instrument navigation in the Viking Age?* Extraído de Vikingeskibs Muskeet:
https://www.vikingeskibsmuseet.dk/en/professions/education/knowledge-of-sailing/instrument-navigation-in-the-viking-age

aproximadamente noventa centímetros de largo e incluía una espiga de diez centímetros, que quedaba cubierta por la empuñadura.

El proceso de creación de una espada vikinga era casi tan elaborado como el de una espada samurái japonesa. Se soldaban tiras de hierro forjado, se retorcían y se martilleaban para dar forma a la hoja y dotarla de un filo de acero endurecido. Las hojas se afilaban hacia la punta y se forjaba un surco de sangre a lo largo. Las espadas eran de doble filo y se utilizaban para acuchillar. Los vikingos incluso daban nombre a sus espadas. Las sagas nórdicas mencionan espadas llamadas Serpiente de guerra, Víbora, Mata dragones y Hacedora de viudas.

Las lanzas eran estándares. Como las lanzas eran más fáciles de fabricar, a menudo se encuentran en gran número en los enterramientos vikingos. Las lanzas se utilizaban para clavar y arrojar. Las lanzas que se arrojaban tenían cabezas pequeñas, mientras que una cabeza más ancha, en forma de hoja, se utilizaba como arma punzante.

Las hachas tenían mangos largos. Las cabezas de las hachas tenían hojas de ocho a dieciséis centímetros de largo. Estaban elaboradamente decoradas y permitían a los guerreros tener un largo alcance en la batalla. Un experimentado empuñador de hachas era una fuerza letal en el campo de batalla.

Los escudos vikingos tenían casi un metro de ancho con un agujero central para un soporte de hierro. En la cara interior del saliente se fijaba una empuñadura de hierro. Estos círculos protectores estaban decorados con colores brillantes y eran la principal defensa de los vikingos.

Se utilizaban arcos y flechas, pero hasta ahora se han encontrado pocos fragmentos. Una flecha tendría unos quince centímetros de longitud, y los arcos podían utilizarse tanto para cazar como para luchar.

Los cascos no eran cosa de la ópera wagneriana. No, los cascos vikingos no tenían cuernos a los lados. El casco de Gjermundbu, hallado en Noruega, era un gorro de hierro con cuatro radios y tenía un borde con una pesada protección para los ojos y la nariz. Los vikingos utilizaban cota de malla, pero la fabricación de este revestimiento protector era muy costosa. La nobleza y los guerreros de élite probablemente tenían cota de malla, y es probable que algunos vikingos despojaran a los cadáveres de su cota de malla en el campo de batalla.

Las incursiones vikingas en Inglaterra se caracterizaban por su rapidez y el uso de tácticas de sorpresa. En muchos casos, los vikingos atacaban con rapidez, aprovechando el elemento sorpresa para coger desprevenidos a sus enemigos. Utilizaban el barco largo como medio de transporte, atacaban sus objetivos a lo largo de la costa y luego se alejaban navegando antes de que se pudiera oponer resistencia. Sus tácticas eran brutales y a menudo implicaban la masacre de poblaciones enteras.

Quizá la incursión vikinga más famosa fue cuando los vikingos atacaron el monasterio de Lindisfarne en el año 793 de la era cristiana.

Lindisfarne

Los monasterios en la Inglaterra del siglo VII eran lugares donde los hombres se reunían en una sociedad comunal para adorar y alabar al Señor. Eran lugares de extrema piedad, y la gente acudía allí para renunciar al mundo y buscar el camino de la salvación, que era un pensamiento importante en la mente de la mayoría de las personas de la época. La nobleza de la época trataba de bruñir su reputación, dotando a los monjes de propiedades, que los hombres piadosos utilizaban para construir monasterios. El rey Oswaldo de Northumbria hizo esto en el año 635 e. c. cuando dotó a un monje irlandés llamado Aidan con una pequeña isla llamada Lindisfarne.

Esta mancha de tierra en el mar del Norte estaba a seis millas al norte de la capital de Northumbria, Bamburgh. La soledad que los monjes buscaban en Lindisfarne se veía reforzada por la calzada, que la marea cubría dos veces al día, asegurando una sensación de aislamiento, pero también una conexión con tierra firme.

La reputación de Lindisfarne aumentó en la década de 670, cuando un monje llamado Cutberto entró a formar parte de la comunidad. Cutberto fue un santo de la Inglaterra primitiva y se convirtió en obispo de Lindisfarne. Llegó a estar bien relacionado con la corte de Northumbria y en general era querido por todos. Su muerte hizo que Lindisfarne se convirtiera en un lugar de peregrinación, ya que creció un culto en torno a su santidad. Eso trajo cambios dramáticos a la apartada comunidad.

Después de que Lindisfarne se convirtiera en un importante lugar de peregrinación en el noreste de Inglaterra, los peregrinos acudían allí en busca de la ayuda y las bendiciones de san Cutberto. Dejaron tras de sí algo más que buenos deseos; muchos peregrinos hicieron donaciones y dejaron ricos regalos al monasterio y a sus monjes. Lindisfarne se hizo relevante y rica. Sin embargo, no tenía fortificaciones y los monjes seguían llevando una vida sencilla en medio de una gran riqueza. Tenía reputación no solo por su santidad, sino también por sus tesoros. Francamente,

Lindisfarne era una paloma esperando a ser desplumada. Y eso fue lo que ocurrió en el año 793[i].

Asalto vikingo

Esta no fue la primera incursión vikinga en Inglaterra. Hubo una incursión menor unos años antes en Wessex, y hay pruebas de una incursión en Kent hacia el año 753 de la era cristiana. Sin embargo, la incursión en Lindisfarne fue mucho más significativa. El monasterio era más que un claustro aislado. Lindisfarne se había convertido en una potencia económica y política en Northumbria. Hasta cuatrocientas personas vivían en la isla, lo que la convertía en una comunidad enorme. El monasterio poseía extensas tierras. Además, los vikingos probablemente tenían una buena idea de lo que Lindisfarne poseía en cuanto a tesoros. Existen pruebas de que los mercaderes procedentes de Escandinavia llevaban años comerciando por la costa de Northumbria en el año 793.

La incursión tuvo lugar el 8 de junio de 793 e. c. La *Crónica anglosajona*, escrita en algún momento a finales del siglo IX, fue sucinta en su descripción: «Las lamentables incursiones de hombres paganos destruyeron la iglesia de Dios en la isla de Lindisfarne mediante feroces robos y matanzas».

Ese relato sería posteriormente elaborado por Simeón de Durham, cuyo relato era un poco más dramático:

> «Ellos [los vikingos] arrasaron y saquearon todo miserablemente. Pisotearon las cosas sagradas bajo sus pies contaminados, derribaron los altares y saquearon todos los tesoros de la iglesia. A algunos de los hermanos los mataron, a otros se los llevaron encadenados, a la mayoría los desnudaron, los insultaron y los echaron a la calle, y a algunos los ahogaron en el mar».

La impactante noticia

Fue la reacción del resto de Europa lo que hizo que el asalto a Lindisfarne fuera tan destacado. La corte de Carlomagno recibió la noticia y Alcuino, el principal consejero de Carlomagno, expresó auténtico horror por lo ocurrido.

---

[i] English Heritage. (2023, 10 de agosto). *Early Christianity in Anglo-Saxon Northumbria*. Extraído de English-heritage.org.uk: https://www.english-heritage.org.uk/visit/places/lindisfarne-priory/History/

La incursión de Lindisfarne se considera el inicio de la era vikinga. Aunque el monasterio sobrevivió casi cien años después, todo había cambiado. Toda la costa de Inglaterra estaba expuesta al peligro. Cada monasterio o ciudad indefensa era susceptible de ser víctima de los hombres del norte[i].

Una desagradable sorpresa

El ataque a Lindisfarne probablemente no fue un asalto importante; no atacaron más de cuatro barcos y una fuerza combinada de cien hombres. El factor sorpresa fue lo que dio ventaja a los vikingos. Los historiadores han sugerido que los monjes posiblemente no supieron lo que ocurría hasta que vieron las espadas desenvainadas. Para entonces, ya era demasiado tarde para hacer otra cosa que suplicar clemencia.

Lo que hace más chocante el asalto es que los comerciantes escandinavos llevaban años trabajando en la costa y en el canal de la Mancha. En aquel momento no había forma de identificar un barco mercante de un asaltante vikingo, por lo que nadie podía saber si el barco que se divisaba en el horizonte era un navío vikingo. Todo se reducía a saber en quién se podía confiar frente a las costas de Inglaterra.

Grandes premios

En cualquier caso, los vikingos empezaron a tener como objetivo los ricos monasterios de la costa. Estos monasterios ingleses eran ricos en oro, plata y otros bienes valiosos, y resultaron un objetivo irresistible para los asaltantes. Se produciría un ataque a la abadía benedictina de Jarrow al año siguiente y un asalto a Iona al año siguiente. El asalto a Jarrow fue rechazado, pero no impidió los ataques posteriores al monasterio o a Lindisfarne.

Los monjes que vivían en estos monasterios eran blancos fáciles, ya que no eran guerreros entrenados. No tenían armas ni formación militar. Los vikingos apenas encontraron resistencia en ellos, lo que provocó nuevas incursiones.

Algo más estaba ocurriendo durante todas estas incursiones. Los marineros vikingos se estaban haciendo una idea de la disposición de la tierra. Se dieron cuenta de las oportunidades agrícolas que había en

---

[i] Marsh, A. (2022, 21 de junio). *In 793 AD, Vikings attacked Lindisfarne. Here's why it was so shocking.* Extraído de National Geographic.co.uk:
https://www.nationalgeographic.co.uk/history-and-civilisation/2022/06/in-793ad-vikings-attacked-lindisfarne-heres-why-it-was-so-shocking.

Inglaterra. Las incursiones no eran solo para obtener botín; eran una oportunidad para hacer una caza de bienes raíces, que resultaría valiosa unas décadas más tarde.

En medio del caos

Los ataques a la costa inglesa podrían haber tenido resultados muy diferentes si se hubiera contado con un frente unificado y una fuerte defensa costera. Por desgracia, para los ingleses, eso no fue posible. Lo que hoy es la Inglaterra moderna estaba dividida en cuatro reinos en el siglo IX: Northumbria, Mercia, Wessex y Anglia Oriental. Cada uno tenía su propio conjunto de leyes y agendas políticas. Una incursión vikinga en Northumbria no significaba nada para Mercia. De hecho, tales incursiones serían deseables porque distraerían a Northumbria de su intento de dominar otros reinos.

Lo mismo ocurría con los demás reinos. Un ataque a uno no era necesariamente un ataque a todos ellos. Sin embargo, los vikingos no eran una amenaza que fuera a desaparecer. De hecho, a medida que avanzaban los años, el peligro empeoraba significativamente.

En Northumbria existía una seria rivalidad dinástica entre las casas reales de Deira y Bernicia. Creó una considerable disensión en el reino más grande de Inglaterra. Entre 737 y 806, Northumbria tuvo diez reyes. Cinco fueron expulsados, tres asesinados y dos se retiraron para convertirse en monjes. Los asaltos a los monasterios de Northumbria continuaron y, en el año 800, los monasterios de Whitby, Tynemouth y Hartlepool fueron asaltados. Los problemas internos de Northumbria siguieron haciéndola vulnerable a los ataques exteriores.

Sin duda, los comerciantes que hacían negocios en Inglaterra informaron a Escandinavia de los acontecimientos en Northumbria. Podemos pensar en ellos como espías industriales que vieron cómo se desarrollaban oportunidades gracias al caos interior que impedía una fuerte resistencia[i].

Las incursiones vikingas se intensificaron en el siglo IX. Ya no eran pequeños asaltos, sino incursiones a gran escala. La angustia se extendió a otras partes de la isla. Los vikingos fueron derrotados en 838 y en 851, pero eso no detuvo las incursiones en Anglia Oriental, Kent (que pasó a formar parte de Wessex en 845), Wessex y Northumbria[ii].

---

[i] England's North East. (2023, 10 de agosto). *Northumbria's Downfall*. Extraído de Englandsnortheast.co.uk: https://englandsnortheast.co.uk/northumbria-anarchy/

[ii] Dorothy Whitlock, W. A. (2023, 10 de agosto). *The Period of the Scandinavian*

Solo como recordatorio, algunos de los relatos de los feroces vikingos deben tomarse con cautela. Las historias de horror fueron escritas por monjes que tenían una agenda de venganza. Sus monasterios fueron incendiados y sus hermanos clérigos asesinados o arrastrados a la esclavitud. Es probable que las historias de terror se exageraran deliberadamente para hacer aparecer a los vikingos como hijos de Satanás. Eran marineros rudos y no se podía jugar con ellos, pero lo más probable es que no asaran bebés para cenar.

¡Llegan los daneses!

Los vikingos dejaron de concentrarse en Northumbria y realizaron ataques también en el sur de Inglaterra. Dinamarca se estaba convirtiendo en el punto de partida de cada vez más incursiones.

El saqueo no era la única razón del interés de los vikingos daneses por Inglaterra. La sociedad danesa tenía en gran estima la destreza marcial y la valentía. Un guerrero corriente podía ganar mucho prestigio y honor si regresaba con un botín considerable. Ese hombre podía incluso ser nombrado en una de las sagas y tradiciones orales vikingas, lo que garantizaba que sería recordado mucho después de muerto.

Dinamarca también experimentaba una superpoblación. No había suficiente tierra cultivable y había demasiadas bocas que alimentar. La posibilidad de encontrar grandes extensiones de tierra cultivable hizo que Inglaterra resultara atractiva como lugar para un futuro asentamiento.

La sociedad en Dinamarca estaba llena de feudos y se libraban duelos de honor. La posibilidad de enviar a hombres agresivos que podían ser alborotadores en largos viajes por mar garantizaría que las cosas permanecieran tranquilas en la región mientras ellos estuvieran fuera.

También hay que pensar en el comercio de esclavos como motivo para atacar Inglaterra. La esclavitud formaba parte de la cultura escandinava y las víctimas de una incursión vikinga podían ser llevadas como esclavas. La posibilidad de establecer redes comerciales o apoderarse de las existentes era también una posible razón.

Los daneses se convertirían gradualmente en una fuerza aún más potente en la historia inglesa a medida que avanzaba la era vikinga. No estaban en esta empresa para limitarse a recoger brillantes y joyas.

Invasions. Extraído de Britannica.com: https://www.britannica.com/place/United-Kingdom/The-church-and-the-monastic-revival.

Invernar en Inglaterra

Las primeras incursiones vikingas eran esencialmente asuntos de coger y huir, pero en 850, la *Crónica anglosajona* tenía una entrada interesante.

> «En este año, el *ealdorman* Ceorl con el contingente de los hombres de Devon luchó contra el ejército pagano en Wicganbeorg, y los ingleses lograron allí una gran matanza y obtuvieron la victoria. Y por primera vez, los hombres paganos permanecieron durante el invierno en Thanet»[i].

Esta vez, los vikingos no corrieron a casa para celebrar o escapar. Estaban invernando en una tierra a la que solo estaban acostumbrados a saquear. El significado de esto es sutil, pero resulta revelador. Los vikingos estaban desarrollando un interés por Inglaterra que iba más allá de obtener un beneficio rápido. Probablemente, estaban empezando a considerar la zona como un posible lugar para establecerse. La emigración a Inglaterra resolvería sin duda el problema de la superpoblación en su país. Muchos vikingos eran agricultores, no asaltantes profesionales.

Puede que el invernar en Inglaterra no hubiera sido por necesidad. Los vikingos que se quedaron allí tuvieron la oportunidad de hacer una exploración muy detallada y recopilar información. La inteligencia que llevaron de vuelta a Escandinavia habría influido en las decisiones de hombres muy poderosos. El resultado de esta estancia se materializaría varios años después, cuando las incursiones se convirtieron en algo más que una visita de saqueo.

Actores principales

La era vikinga proporcionó a la historia un colorido elenco de personajes. Algunas de sus hazañas pueden parecer un poco fantasiosas, pero sus contribuciones individuales son demasiado importantes para ignorarlas. Presentamos a algunos de los protagonistas más destacados.

Vikingos famosos

- Rollo de Normandía tuvo tanto éxito en sus incursiones en Francia que finalmente se le concedieron tierras en la desembocadura del Sena a cambio de convertirse al cristianismo y prometer no volver a realizar incursiones. La tierra que gobernó se conocería como Normandía.

---

[i] History-maps.com. (2023, 10 de agosto). *Viking Invasions of England*. Extraído de History-maps.com: https://history-maps.com/story/Viking-Invasions-of-England

- Svend Forkbeard fue, en un momento dado, el rey de Inglaterra, Dinamarca y partes de Noruega. Recibirá más atención más adelante en este libro.
- Gunnar Hámundarson fue un jefe islandés conocido por su capacidad de lucha y sus proezas atléticas. Se decía que ¡era capaz de saltar su propia altura!
- Erik el Rojo era otro islandés, y su reclamo a la fama fue descubrir Groenlandia. Erik bautizó deliberadamente la isla para convencer a otros vikingos de que se establecieran allí.
- Leif Eriksson era hijo de Erik el Rojo y fue otro explorador vikingo. Se cree que fue el primer europeo que desembarcó en las costas de América.
- Cnut, también conocido como Canuto, fue el gobernante de un gran imperio vikingo. Recibe una atención individualizada en este libro[i].

Anglosajones famosos

El reino de Wessex produjo los anglosajones más memorables. Recibirán atención más adelante en este libro.

- Alfredo el Grande
- Eduardo el Viejo
- Athelstan

Las incursiones desde Dinamarca fueron especialmente marcadas a partir del año 835 de la era cristiana. Los vikingos daneses tuvieron como objetivo Northumbria, el reino anglosajón más poderoso de la época. Capturaron York dos veces en 866 y 873 e. c. y establecieron allí su propio reino, conocido como el reino de Jórvík. Este reino estaba gobernado por el famoso guerrero vikingo Guthrum, que luchó contra el rey anglosajón Alfredo el Grande. Al final, sin embargo, Guthrum fue derrotado y obligado a firmar un tratado de paz en 886 e. c., que permitió a los vikingos conservar el control del reino de Jórvík, pero bajo los términos ingleses.

---

[i] Warriors and Legends.com. (2023, 31 de agosto). *Famous Viking Warriors*. Extraído de Warriorsandlegends.com https://www.warriorsandlegends.com/viking-warriors/famous-viking-warriors/

Capítulo dos: Ragnar Lodbrok

La serie *Vikingos de* History Channel presenta a un notorio vikingo llamado Ragnar Lodbrok (también escrito como Ragnar Lothbrok). Según la tradición vikinga, Ragnar era hijo de un héroe, Sigurd Ring, y de su esposa, Álfhildr. Era un hombre de leyenda y se le atribuye haber sido un incursor de gran éxito de Inglaterra y otras partes de Gran Bretaña y quizá incluso de Irlanda. Su historia es una combinación de realidad y ficción.

Las historias orales y las sagas vikingas no siempre son objetivamente correctas. A menudo son relatos muy exagerados de las hazañas de los hombres, a los que se hace parecer casi sobrehumanos. Una de las razones es que los narradores hacían hincapié en la fama y el poder del individuo. Otro problema es que a menudo transcurrieron cientos de años antes de que se registraran los relatos. La principal fuente de información que tenemos sobre Ragnar Lodbrok es el *Ragnarssona pattr* (el *Cuento de los hijos de Ragnar*). Otros lugares donde se menciona a Ragnar son la *Gesta Danorum* (*Hechos de los daneses*), un documento danés razonablemente preciso, y la *Crónica anglosajona*.

Se ha sugerido que los relatos sobre Ragnar fueron exagerados deliberadamente para hacerlo parecer una amenaza más importante de lo que realmente era. La intención era hacerlo parecer tan feroz y aterrador que la sola mención de su nombre pudiera sembrar el miedo entre sus enemigos[i].

---

[i] Irvine, A. (2022, diciembre). *10 Facts About Viking Warrior Ragnar Lodbrok*. Extraído de Historyhit.com: https://www.historyhit.com/facts-about-viking-ragnar-lodbrok/

Su historial de incursiones

Vikingos sugiere que Ragnar dirigió el asalto a Lindisfarne en el siglo VIII. Esto no es cierto porque Ragnar aún no había nacido cuando se produjo el ataque.

Ragnar tenía fama de ser un gran guerrero y se hizo rico gracias a sus incursiones en territorios vulnerables. Fuentes islandesas que han sido verificadas en cierta medida por los anglosajones hablan de un feroz vikingo llamado Ragnall que aterrorizó el noreste de Inglaterra. Podría haber sido Ragnar[i].

La tradición vikinga implica que Ragnar atacó París alrededor del año 845. Se supone que comandaba una flota de 120 barcos vikingos, lo que significa que fue en pos de París con seis mil hombres. Eso era un ejército considerable en aquellos tiempos.

Una representación del siglo XIX de vikingos atacando París [18]

¿Pero era remotamente posible que Ragnar pudiera hacer esto? Sí. También hubo un ataque posterior a París que tuvo lugar en 885. Esta fue la incursión vikinga más importante contra la ciudad. La estimación inicial

---

[i] The Ministry of History. (2020, 5 de mayo). *Ragnar Lothbrok*. Extraído de Theministryofhistory.co.uk: https://www.theministryofhistory.co.uk/historical-biographies/ragnarlothbrok

es que la fuerza vikinga tenía de trescientos a setecientos barcos, con entre treinta mil y cuarenta mil hombres. Esa estimación es una gran exageración. El historiador John Norris estima que la fuerza vikinga era de unos trescientos barcos, lo que significa que el ejército vikingo era de aproximadamente quince mil hombres. Eso sigue siendo un ejército significativo en el siglo IX.

Hay que tener en cuenta que este tipo de ataque fue posible gracias a los barcos largos. Su poco calado les permitía remontar el río en lugar de desembarcar fuerzas en la orilla del mar. La visión de la armada vikinga dirigiéndose al corazón de Francia debió aterrorizar a todos los que la vieron.

El ataque de 885 no tuvo éxito. Aunque los franceses lograron bloquear el paso de los barcos vikingos por el Sena, los asaltantes no se amilanaron. Los vikingos pudieron retirarse arrastrando sus barcos por tierra hasta el Marne. Antes de hacerlo, los vikingos llevaron a cabo una incursión en Borgoña, que se encuentra aún más al interior. La capacidad de los vikingos para atacar objetivos que se encontraban a una distancia considerable de la costa hizo que la gente los temiera mucho.

Cuenta la leyenda que Carlos el Gordo pagó un cuantioso soborno a Ragnar para que se marchara. Ragnar aceptó encantado el dinero. El mero hecho de atacar París le daba un prestigio significativo en el mundo vikingo. Además, había otros objetivos ricos con defensas más débiles. Saxo Grammaticus, un historiador danés que vivió entre 1160 y 1220 aproximadamente, nos cuenta que Ragnar asaltó Irlanda en 851 y continuó sus incursiones a lo largo de la costa irlandesa y el noroeste de Inglaterra[i].

Tácticas de incursión vikingas

Ragnar utilizaba la táctica del relámpago para vencer a sus víctimas. Desmoralizaba y abrumaba a su oponente antes de que pudiera reunir fuerzas suficientes para oponer resistencia eficazmente. Ragnar era también un general prudente. Luchaba cuando las probabilidades estaban a su favor y no corría riesgos innecesarios.

---

[i] Butler, J. (2023, 29 de agosto). *The Real Ragnar Lothbrok*. Extraído de Histori-uk.com: https://www.historic-uk.com/HistoryUK/HistoryofEngland/Ragnar-Lothbrok/#:~:text=This%20may%20well%20have%20been,settlement%20not%20far%20from%20Dublin.

La estrategia militar vikinga era muy flexible. Todo dependía de las circunstancias a las que se enfrentaban cuando bajaban del barco. Estos hombres iban en busca de botín y querían sobrevivir al asalto. Los vikingos estaban bastante dispuestos a tender emboscadas o realizar ataques furtivos si ello les ayudaba a conseguir su objetivo.

Una táctica de batalla muy eficaz que empleaban los vikingos era el «hocico de jabalí». Su objetivo era romper la línea de batalla de un enemigo. Se formaba una cuña de guerreros que atacaba una parte de la línea enemiga con la intención de romper la defensa. Una vez rota la línea, los vikingos aprovechaban el caos resultante[i].

El éxito de Ragnar procedía de una sociedad que alimentaba el espíritu guerrero. Los vikingos eran hombres que aprendieron a luchar pronto y tenían un espíritu de cohesión que fomentaba la acción en grupo. Convertirse en vikingo no sucedía en unas semanas de entrenamiento básico. Era un estilo de vida que nacía en la infancia.

La formación de un vikingo

Ragnar tuvo varios hijos. Tres de ellos, Halfdan, Ivar (conocido como Ivar el Deshuesado) y Ubbe, desempeñarían papeles importantes en un asalto vikingo masivo que tuvo lugar a finales del siglo IX. Es probable que los hijos de Ragnar estuvieran preparados para una vida que sería en parte trabajo doméstico y acción violenta desde que eran niños.

Cuando decimos trabajo doméstico, nos referimos a la agricultura y la artesanía. Los vikingos eran asaltantes, pero los vikingos solo solían asaltar durante una temporada. Después volvían a casa para dedicarse a la agricultura y la artesanía. Un niño necesitaba aprender a destacar en una ocupación y ser un hábil guerrero.

La historia nos ofrece relatos detallados de cómo los espartanos entrenaban a sus muchachos para convertirlos en luchadores excepcionales. No disponemos de un manual de entrenamiento vikingo, pero podemos suponer que los muchachos aprendían lo que debían hacer trabajando con sus padres y sus familias extensas. Tíos, abuelos y hermanos mayores serían importantes maestros y mentores. Los historiadores creen que la lucha siempre formó parte del entrenamiento de un muchacho. Si un chico se peleaba con otro por una disputa tonta,

---

[i] Curry, A. (2017). *How to Fight Like a Viking*. Extraído de Nationalgeographic.com: https://www.nationalgeographic.com/history/article/vikings-fight-warfare-battle-weapons

no se lo castigaba severamente a menos que se produjera un daño físico grave[i].

Las sagas vikingas mencionan que los niños eran entrenados para la guerra. El poema *Rigsthula* describe la educación de un niño que podía domar caballos, dar forma a escudos, fabricar flechas y blandir lanzas. Es posible que los niños pequeños aprendieran a jugar con espadas de madera. Existen pruebas de que los niños recibían armas reales que se adaptaban al tamaño del niño. Arqueólogos de Noruega han encontrado un hacha y una espada en la tumba de un menor.

La lucha era un deporte popular en la cultura vikinga y enseñaba habilidades prácticas para la guerra, como la velocidad y la agilidad. Las peleas de bolas de nieve eran oportunidades para construir fuertes de nieve y practicar diferentes habilidades de lanzamiento. A los niños se les permitía jugar de forma brusca, pero no se les permitía hacer daño a nadie. Romper las reglas en los juegos salvajes y alborotadores, cometiendo lo que se llamaba un *nío*, era una infracción juvenil grave. (No hay pruebas suficientes para saber si a las niñas se les enseñaba a pelear, pero es una posibilidad).

La cultura vikinga valoraba el honor por encima de otras cualidades. Desde el principio se inculcaba a los niños un código de honor. La valentía era una virtud esperada que cada muchacho debía tener, porque solo a un guerrero valiente se le permitiría entrar en el Valhalla.

Una parte sombría del entrenamiento era la propia batalla. Las sagas mencionan casos en los que un niño de tan solo nueve años mató a un hombre. Puede que sean exageraciones, pero el entendimiento en las comunidades vikingas era muy claro. Un joven debía estar preparado para entrar en combate por honor o por pillaje. No había una edad mínima para el combate.

Los vikingos como luchadores

Ragnar no salía de marcha con una banda de aficionados. Su tripulación estaba formada por hombres de mentalidad militar que sabían lo que hacían. Todos los relatos sobre los vikingos de las sagas y los escritos de los monjes indican que estos hombres eran quizá los mejores combatientes de la Edad Media. Contaban con naves superiores y armas

---

[i] Legends and Chronicles. (2023, 20 de agosto). *Viking Children.* Extraído de legendsandchronicles.com: https://www.legendsandchronicles.com/ancient-civilizations/the-vikings/viking-children/

excelentes, y se los entrenaba desde la infancia para ser combatientes. Algunas cualidades únicas de los vikingos los hacían casi invencibles.

- Espíritu de cuerpo

La moral es esencial para cualquier fuerza de combate, y los vikingos que realizaban incursiones tenían altos niveles de confianza. Una razón importante para este *esprit de corps*, además de luchar por el honor y el botín, era la forma en que estaban compuestas las tripulaciones. Las tripulaciones de los barcos se formaban con los hombres que procedían de la misma aldea o zona local. Se conocían de nacimiento y a menudo eran parientes o amigos íntimos. Una expedición de incursión podía estar en el mar durante semanas para ir y volver de sus destinos. Los hombres llegaron a conocerse y desarrollaron fuertes conexiones.

La noción de una banda de hermanos de escudo era fundamental en un enfrentamiento militar. Nadie quería parecer un cobarde delante de sus vecinos o parientes. Huir de una batalla traería la vergüenza a una persona, y esa deshonra duraría toda la vida. Al igual que los legendarios trescientos espartanos, los vikingos permanecerían unidos y lucharían hasta el último hombre si fuera necesario. Las pruebas obtenidas en excavaciones de enterramientos muestran grupos de vikingos enterrados juntos. Es probable que todos cayeran luchando para defenderse mutuamente.

- *Berserkers*

Los *berserkers* son personajes importantes en las historias de los hombres del norte. Al parecer, eran hombres salvajes, medio locos, que atacaban sin preocuparse por el daño corporal y luchaban hasta vencer o morir. Eran los guerreros locos de Escandinavia. Esa es la mitología que hay detrás de ellos. Los historiadores tienen que ir un poco más allá de los cuentos fantasiosos para descubrir la verdad que se esconde tras estas fuerzas de choque.

Tradicionalmente, los *berserkers* se preparaban para la lucha. Permitían que la rabia se apoderara de ellos y sus cuerpos se convulsionaban con descargas de adrenalina. Los gruñidos indicaban que estaban listos para la batalla. Sin embargo, esto podría no haber sido inducido de forma natural.

Una teoría dice que se emborrachaban antes de luchar. Podía ser la bebida tradicional de hidromiel o una que tuviera algunas hierbas especiales mezcladas en la bebida. Algunos estudiosos también creen que un *berserker* se drogaba con setas alucinógenas. La combinación de los ingredientes de la seta con un estado de ira ya elevado empujaría al *berserker* a una furia incontrolable. Hay setas en Escandinavia que sí tienen atributos alucinógenos.

Las historias solo embellecen la imagen de estos combatientes. Se dice que iban a la batalla vestidos con pieles de lobo. También podrían haber entrado en conflicto desnudos o sin armadura. Eso podía convertirlos en personas peligrosas, ya que disponían de una libertad de movimientos aún mayor.

Uno de los retos a la hora de saber más sobre los *berserker* es que hay muy pocas pruebas físicas de ellos. No obstante, el rumor de que había *berserkers* en las filas de la fuerza vikinga bastaría para aterrorizar a cualquier adversario[i].

Partidas de asalto vikingas

¿Por qué la gente temía tanto a Ragnar y a los demás vikingos? Se podía hacer frente al ataque de un barco largo vikingo. Una leva de la milicia local podía vencer fácilmente a veinte o treinta personas de un barco. Había algo más en las partidas de incursión que infundía terror en los corazones de la gente de Inglaterra.

Para empezar, ser atacado por un solo barco largo dragón no era el método estándar de operación. El profesor Kenneth Harrell ha calculado que una típica partida de incursión procedente de Escandinavia habría llegado a contar con diez o veinte naves. Si hacemos cuentas y calculamos el número de naves por una tripulación de cincuenta o sesenta guerreros armados, esa partida de incursión crece hasta 500 o 1.200 hombres probados en combate.

El tamaño de estas incursiones creció con el tiempo. Las incursiones vikingas de principios del siglo IX podrían haber visto hasta mil guerreros en veinte barcos. Ese número se ampliaría a principios del siglo X hasta alcanzar los cien barcos y una fuerza de cinco mil a doce mil guerreros. Eso no es un simple grupo de asalto; ¡es una fuerza de invasión!

Se calcula que el tamaño de las partidas de incursión vikingas pasó de tres barcos a principios del siglo IX a treinta o más barcos hacia 850. Esto significaría que en los primeros tiempos de la era vikinga, la partida de asalto no tendría más de 150 guerreros. El tamaño de la fuerza de ataque

---

[i] Warriors & Legends. (2023, 20 de agosto). *Viking Warrior Raids*. Extraído de Warriorsandlegends.com: https://www.warriorsandlegends.com/viking-warriors/viking-warrior-raids/

sería de treinta barcos o más a mediados de siglo, y eso significa una fuerza invasora de 850 a 1500 hombres de armas. A finales del siglo IX, una fuerza de cinco mil hombres llegaría en cientos de barcos[i].

Los reinos ingleses se pusieron a la defensiva a causa de Ragnar y otros vikingos. Las tácticas de ataque y huida de los nórdicos eran difíciles de contrarrestar porque eran repentinas y rápidas; los vikingos a menudo desaparecían antes de que una fuerza de socorro pudiera aparecer en escena.

La situación tanto en Inglaterra como en Irlanda se describe mejor con una antífona eclesiástica de la época: «Nuestra suprema y santa Gracia, protegiéndonos a nosotros y a los nuestros, líbranos, Dios, de la salvaje raza de norteños que asola nuestros reinos»[ii].

La muerte de Ragnar fue adecuadamente horrible. La *Gesta Danorum* registra que el rey Aella de Northumbria acabó capturándolo. Pensaríamos que un vikingo como Ragnar sería ahorcado o decapitado, pero hubo un poco de teatro en la forma en que se acabó con él. El rey hizo que arrojaran a su prisionero a un pozo de serpientes venenosas.

Al parecer, Ragnar se tomó su muerte con calma e hizo un comentario siniestro antes de perecer: «Cómo gruñirían los cerditos si supieran cómo sufre el viejo jabalí».

Ragnar se refería a sus hijos y a la venganza que tomarían contra sus asesinos cuando supieran lo que le había ocurrido.

Sus hijos se vengarían de la muerte de su padre. Estos tres guerreros navegarían hacia Inglaterra con una fuerza considerable de vikingos daneses. Sin embargo, este no iba a ser un grupo de incursión a gran escala. Por el contrario, se trataba de una fuerza de invasión que Inglaterra nunca había visto antes. Los daneses no llegaban a quemar un monasterio ni a saquear una aldea. Su intención era quedarse, y el ejército liderado por los hijos de Ragnar era la colección de hombres más peligrosa que Inglaterra había visto en cientos de años.

---

[i] Ulvog, J. (2017, 8 de noviembre). *Size of Viking raiding parties*. Extraído de Ancientfinances.com: https://ancientfinances.com/2017/11/08/size-of-viking-raiding-parties/#:~:text=En%20Los%20Vikingos%20cursaron%20desde,500%20hasta%201%2C200%20guerreros.

[ii] The Viking Answer Lady. (2023, 29 de agosto). *Origin of the phrase, "A furore Normannorum libera nos, Domine"*. Extraído de The Viking Answer Lady: http://www.vikinganswerlady.com/vikfury.shtml

Capítulo tres: El gran ejército pagano

Los anglosajones deberían haber sabido que algo se tramaba. En 850, los vikingos estaban invernando en Inglaterra. Además, se estaban produciendo actividades vikingas a gran escala. La *Crónica anglosajona* menciona que 350 barcos vikingos navegaron hasta la desembocadura del Támesis y atacaron Londres. Los vikingos pusieron en fuga al rey mercio y luego se adentraron en Surrey. Al parecer, los hombres del norte no se contentaban con hacer incursiones a lo largo de la costa. Empezaban a adentrarse en el interior.

Los vikingos también estaban encontrando una resistencia más dura que la que habían visto en el pasado. En 851, Ethelwulfo libró una batalla con los vikingos en Aclea y los derrotó. Otra victoria británica se produjo en Sandwich en 851, cuando el rey Athelstan se enfrentó a una flota vikinga y la derrotó. Las condiciones que habían hecho que las incursiones vikingas tuvieran tanto éxito en el pasado empezaban a desaparecer. Había llegado el momento de que los vikingos utilizaran una nueva táctica, una que les hiciera correr mayores riesgos, pero que también les generara sustanciosas recompensas.

Los incursores y comerciantes vikingos llevaban constantemente información a Escandinavia. Todavía había problemas internos en Northumbria, y las disputas internas entre los reinos estaban desviando la atención de hacer frente a amenazas mayores. Además, los reinos ingleses se estaban acostumbrando a pagar a los vikingos. El tributo, que era un soborno más que otra cosa, parecía estar teniendo un efecto positivo, haciendo de las incursiones vikingas una amenaza manejable.

Un asalto coordinado contra Inglaterra podría producir ganancias sustanciales. Se necesitaría una fuerza importante para golpear la isla británica y una campaña militar que tuviera objetivos tangibles. Este ataque repentino desequilibraría a los reinos anglosajones y permitiría a los incursores vikingos penetrar profundamente en el campo.

La idea del Gran ejército pagano se originó probablemente en uno de los salones de bebidas de Dinamarca. Sería un esfuerzo sostenido para asolar Inglaterra.

Orígenes del Gran ejército pagano

La historia de esta fuerza militar es compleja y existen relatos contradictorios. Parece que el deseo de vengar la muerte de Ragnar fue la razón principal para la formación del ejército.

El Gran ejército pagano era una coalición de vikingos de toda Escandinavia. Se estima que el tamaño del ejército era de entre mil y tres mil hombres.

La fuerza tenía un gran estandarte bajo el que luchaban. Se llamaba *hrafnsmerki*, y representaba un cuervo volando hacia arriba.

Los historiadores coinciden en que el objetivo final de esta fuerza era la dominación de Inglaterra. Es cierto que seguían buscando botín, pero Inglaterra era ahora algo más que un objetivo de incursión. Los vikingos buscaban apoderarse de tierras además de tesoros. Consideraban Inglaterra como un posible lugar para trasladar familias, establecerse y crear una sociedad con sabor nórdico. Cada uno de los principales reinos de la isla sentiría la furia de esta fuerza[i].

Los líderes vikingos

Ragnar Lodbrok tuvo tres hijos que se convertirían en los líderes del Gran ejército pagano.

- Halfdan Ragnarsson

Halfdan aparece mencionado en las sagas nórdicas como uno de los seis hijos de Ragnar Lodbrok. Fue líder del Gran ejército pagano y se cree que fue el primer rey vikingo de Northumbria. Cuando el Gran ejército

---

[i] Kruljac, I. (2022, 20 de agosto). *The Great Heathen Army: What was it, and how did it unite the Vikings?* Retrieved from Thevikingherald.com: https://thevikingherald.com/article/the-great-heathen-army-what-was-it-and-how-did-it-unite-the-vikings/76

pagano se dividió, Halfdan dirigió la mitad del ejército hacia el norte de Northumbria y en los ataques a Irlanda. También dirigió a su grupo contra los pictos de Escocia y el reino escocés de Strathclyde. Se dice que Halfdan murió en la batalla de Strangford Lough cuando intentaba hacer valer su derecho a ser rey de Dublín.

La principal fuente histórica de Halfdan son los *Anales del Ulster*. Las monedas acuñadas en Londres en 872 y 873 llevan estampado su nombre e identifican a Halfdan como líder del Gran ejército pagano.

- Ivar el Deshuesado

El nombre de Ivar es bastante singular. Algunos dicen que fue el resultado de una maldición. Podría haber sido una condición genética o posiblemente una mala traducción de un texto anterior. No conocemos la historia completa de por qué se lo llamó el «Deshuesado». Puede que ni siquiera fuera una condición física en absoluto. Sabemos que Ivar fue un jefe vikingo muy activo, y que era conocido por sus devastadoras incursiones. También era partidario de castigos brutales, incluido el águila de sangre, para cualquiera que se cruzara en su camino.

Algunas historias afirman que Ivar era un *berserker* que se dejaba llevar por la sed de sangre. En general se cree que era muy astuto e inteligente. También se lo consideraba un táctico muy hábil. Aunque participó en la invasión de Inglaterra por el Gran ejército pagano, Ivar es conocido por sus expediciones posteriores en Irlanda[i].

- Ubbe

Los eruditos son los que menos saben de Ubbe. Se lo menciona en la *Passio sancti Eadmundi* como el hombre que mató al rey Edmundo de Anglia Oriental. También se lo acusa de haber matado a una abadesa, Aebbe[ii].

Los hijos de Ragnar se enfurecieron cuando se enteraron de que su padre había sido asesinado. Atacaron Northumbria y capturaron al rey de Northumbria, Aella. Para vengar a su padre, torturaron a su prisionero y

---

[i] Sky History. (2023, 20 de agosto). *11 Facts About Fearsome Viking "Ivar the Boneless"*. Extraído de History.co.uk: https://www.history.co.uk/articles/11-facts-about-fearsome-viking-ivar-the-boneless

[ii] Williamson, J. (2022, 20 de agosto). *Who was Ubba Ragnarsson, the Viking commander of the Great Heathen Army?* Extraído de Thevikingherald.com: https://thevikingherald.com/article/who-was-ubba-ragnarsson-the-viking-commander-of-the-great-heathen-army/194

utilizaron el método del águila de sangre para acabar con él. (El método del águila de sangre requería abrir la espalda de la víctima y arrancarle las costillas y los pulmones por detrás). Los académicos no están seguros de que esto ocurriera realmente, pero constituye una historia asombrosa e indica lo salvajes que podían llegar a ser los vikingos cuando buscaban venganza[i].

El asalto inicial

El Gran ejército pagano avanzó en 865. Ya tenían un campamento de invierno en Thanet, y desde allí se trasladaron a Anglia Oriental. La *Crónica anglosajona* registra el ataque inicial.

> «Este año se sentó el ejército pagano en la isla de Thanet, e hizo la paz con los hombres de Kent, que prometieron dinero con ello; pero bajo la seguridad de la paz y la promesa de dinero, el ejército en la noche robó el territorio e invadió todo Kent hacia el este».

Hay un elemento de traición en esto. A los vikingos se les prometió el *danegeld*, que era la forma habitual de resolver el problema, pero los asaltantes no se conformarían solo con eso. Sin que los anglios orientales lo supieran, los daneses tenían en mente objetivos mayores, y unas cuantas arcas de oro no serían suficientes.

Rey Edmundo

La historia ha sido bastante amable con Edmundo, rey de Anglia Oriental. Se lo retrata como un hombre piadoso que no se dejaba conmover por los halagos. Más tarde sería canonizado y fue uno de los santos patrones originales de Inglaterra.

Parece que el rey Edmundo creía que el tributo sacaría a los vikingos de su reino y les permitiría ir a otro lugar a hacer sus travesuras. Se cuenta que dio al Gran ejército pagano algo que deseaban más que el oro: caballos.

Dados los objetivos de los vikingos, tiene mucho sentido que quisieran caballos más que monedas de oro. Un ejército que marcha a pie tarda tiempo en llegar de un lugar a otro. Marchar a través de un territorio da a los ocupantes tiempo suficiente para reunir fuerzas y contraatacar. Los caballos permiten la velocidad. Pueden cubrir terreno más rápidamente y aumentar el elemento sorpresa.

---

[i] Sky History. (2023, August 20). *11 Facts About Fearsome Viking "Ivar the Boneless"*.

Posiblemente Edmundo pensó que, si entregaba los caballos a los vikingos, se irían trotando a molestar a otra persona. Sin duda pensó que, si los sacaba de Anglia Oriental, se acabarían sus problemas. El tiempo demostraría que Edmundo cometió un horrible error y que lo pagaría caro. Los vikingos tenían las monturas que necesitaban para pasar al siguiente objetivo[i].

Invasión de Northumbria

Los vikingos sabían que la guerra civil en Northumbria había debilitado la capacidad del reino para resistir cualquier incursión. Además, había una cuenta pendiente con cierto rey.

El Gran ejército pagano invernó en Thetford y, en 866, realizó un ambicioso avance a través del río Humber hacia Northumbria. El destino era la ciudad de York. Esta era una ciudad próspera y un premio que valía la pena tomar. La *Crónica anglosajona* recoge lo que hicieron los daneses:

> «El ejército se dirigió desde Anglia Oriental por la desembocadura del Humber hacia Northumbria, hasta York. Hubo una inmensa matanza de los lugareños, unos dentro y otros fuera; y ambos reyes fueron asesinados en el acto. Los supervivientes hicieron las paces con el ejército».

A pesar de las defensas de sus murallas romanas, York cayó en manos de Ivar el Deshuesado en 866, y el nombre de la ciudad pasó a ser Jórvík.

Aunque han pasado más de mil años desde que los vikingos estuvieron en la zona, existen recuerdos de los hombres del norte en la ciudad. El más conocido es el sufijo «gate», que se da a muchas calles de la actual York. Procede de la palabra vikinga *gata*, que significa «calle»[ii].

Los habitantes de Northumbria se recuperaron e hicieron un intento de retomar York. Desgraciadamente, fracasaron estrepitosamente. El 23 de marzo de 867, el conde Osberht, pretendiente al trono, fue asesinado, y el rey Aella fue capturado y supuestamente torturado hasta la muerte. Los dos principales líderes de Northumbria habían sido asesinados. Los

---

[i] Bishop, C. (2021, 18 de marzo). *Horses in battle at the time of Alfred the Great.* Extraído de Historiamag.com: https://www.historiamag.com/horses-in-battle-at-the-time-of-alfred-the-great/#:~:text=King%20Edmund%20of%20East%20Anglia,of%20the%20horses%20they%20need.

[ii] Britain Express. (2023, 20 de agosto). *Viking York.* Extraído de Britainexpress.com: https://www.britainexpress.com/cities/york/viking.htm

vikingos instalaron a un nuevo rey, Egberto, como soberano. Era una marioneta, y su única función era mantener el fuerte y recaudar impuestos para los vikingos, que ahora buscaban otro premio que saquear.

El turno de Mercia

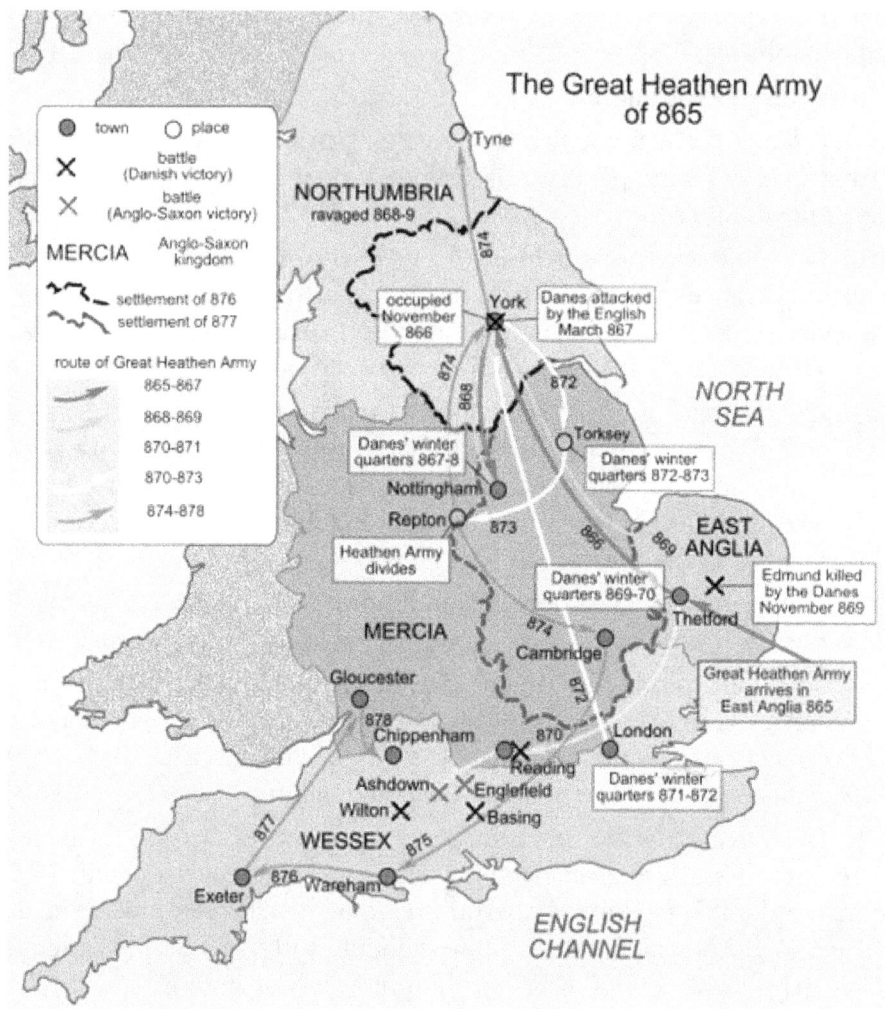

Las rutas que siguió el Gran ejército pagano [14]

Un mapa del avance del Gran ejército pagano muestra que los vikingos atravesaron Mercia para llegar a York. Parece extraño que los mercios no montaran una feroz resistencia en ese momento, pero es posible que tuvieran la idea errónea de que lo único que iban a hacer los vikingos era asaltar Northumbria y volver a casa. Una vez más, un reino anglosajón cometió un terrible error. La *Crónica anglosajona* continuó su relato de lo que estaba haciendo el Gran ejército pagano. El relato comienza con el acuartelamiento invernal de 867/68.

«Este año el mismo ejército entró en Mercia hasta Nottingham, y allí fijó sus cuarteles de invierno; y Burhred [Burgred], rey de los mercios, con su consejo, rogó a Etelredo [Etelredo], rey de los sajones occidentales, y a Alfredo, su hermano, que les ayudaran a luchar contra el ejército. Y se adentraron con el ejército sajón de Occidente en Mercia hasta Nottingham y allí, encontrándose con el ejército en campaña, los asediaron por dentro. Pero no hubo lucha dura, pues los mercios hicieron las paces con el ejército».

Para dar un poco de contexto a la *Crónica anglosajona*, el Gran ejército pagano estableció su cuartel de invierno en Nottingham, y Mercia se encontraba en un dilema. Este fue el momento en que uno de los reyes británicos entró en razón sobre la amenaza vikinga. Burgred, el rey de Mercia, sabía que tenía que conseguir ayuda para expulsar a los invasores. Pidió ayuda a Etelredo. La *Crónica anglosajona* se refiere a él como el rey de los sajones occidentales, lo que significa que procedían de Wessex, el reino anglosajón que ocupaba la mayor parte del sur de Inglaterra. Wessex accedió a ayudar a Mercia, y una fuerza aliada marchó hacia el norte para retomar Nottingham.

La ciudad estaba sitiada y los vikingos superados en número. En este punto, la incapacidad de los anglosajones para comprender plenamente los objetivos de su enemigo dificultó su resistencia. Burgred negoció un tratado de paz con los vikingos. Se permitió a los daneses conservar Nottingham a cambio de dejar en paz el resto de Mercia. Fue un error garrafal que tuvo terribles consecuencias más adelante[i].

De vuelta a Anglia Oriental

El Gran ejército pagano no era una sola unidad militar. Había varias fuerzas, cada una bajo el mando de uno de los hijos de Ragnar. La paz se estableció en Mercia, y los vikingos buscaron otro lugar donde atacar. Fijaron sus ojos en Anglia Oriental.

Fue entonces cuando quedó claro que Edmundo había cometido un terrible error de juicio unos años antes. Consiguió asegurar la paz para su reino, pero solo durante un breve periodo de tiempo. Un soberano más

---

[i] English Monarchs. (2023, 20 de agosto). *The Danelaw*. Extraído de Englishmonarchs.com: https://www.englishmonarchs.co.uk/vikings_11.html.

prudente habría reconocido que la alianza entre Mercia y Wessex significaba que los vikingos eran algo más que un grupo de asaltantes y piratas.

Desgraciadamente, Edmundo subestimó a su enemigo, y la *Crónica anglosajona* relata lo sucedido en Anglia Oriental en 869:

> «Este año el ejército cabalgó sobre Mercia hacia Anglia Oriental, y allí fijó su cuartel de invierno en Thetford. Y en el invierno el rey Edmundo luchó con ellos; pero los daneses obtuvieron la victoria y mataron al rey; después invadieron toda aquella tierra y destruyeron todos los monasterios a los que llegaron. Los nombres de los líderes que mataron al rey eran Hingwar y Hubba»[i].

Edmundo tuvo una muerte cruel, pero debemos ser objetivos sobre los hechos en este asunto. Anglia Oriental fue derrotada en batalla y Edmundo fue capturado. Ivar el Deshuesado ofreció a Edmundo vivir si renunciaba a su fe cristiana. Como cristiano devoto que era, Edmundo se negó. El líder vikingo ordenó entonces que Edmundo fuera atado a un árbol. El rey de Anglia Oriental fue golpeado primero con garrotes y luego azotado. Se cree que Edmundo siguió invocando el nombre de Jesucristo durante toda esta tortura. Ivar se exasperó por la muestra de devoción y permitió que sus tropas utilizaran a Edmundo como blanco de tiro. La historia cuenta que el cuerpo de Edmundo parecía el de un puercoespín una vez terminadas las prácticas de tiro. Entonces le cortaron la cabeza[ii].

Edmundo se convirtió en san Edmundo y se desarrolló un culto de devoción al mártir. Representó una feroz resistencia cristiana frente a los paganos vikingos, y fue venerado hasta el siglo XVI. Sin embargo, hay que ver a este hombre con ojos críticos. Edmundo proporcionó a los vikingos los caballos que necesitaban para avanzar rápidamente hacia el centro de Inglaterra. Parece que estaba más preocupado por sacar a los merodeadores de Anglia Oriental y no se dio cuenta de cuáles serían las consecuencias a largo plazo de su decisión. Pagó un precio terrible por su

---

[i] Medieval Archives. (2020, 20 de noviembre). *King Edmundo the Martyr Killed by the Great Heathen Army*. Extraído de Medievalarchives.com: https://medievalarchives.com/2020/11/20/king-Edmundo-the-martyr-killed-by-the-great-heathen-army/

[ii] New Advent. (2023, 20 de agosto). *St. Edmundo the Martyr*. Extraído de Newadvent.org: https://www.newadvent.org/cathen/05295a.htm

error, pero no fue el único monarca que tomó una mala decisión al enfrentarse a los vikingos. En última instancia, solo uno de los reyes de Inglaterra tuvo una evaluación justa del peligro, y fue él quien derrotaría al Gran ejército pagano.

Los vikingos se encontraron con un éxito tras otro en cinco años. Northumbria se convirtió en un estado títere, Mercia pagó el *danegeld* para mantener la paz y Anglia Oriental quedó devastada. Los inmigrantes nórdicos empezaban a asentarse en las zonas que el Gran ejército pagano había subyugado.

Ivar el Deshuesado se tomó un tiempo libre de las incursiones inglesas. Se asoció con Olaf el Blanco, un rey nórdico de Irlanda, y juntos asaltaron Escocia y saquearon Dumbarton[i].

Mirando al sur hacia Wessex

A los vikingos solo les quedaba un reino por subyugar, y era Wessex. La moral del Gran ejército pagano era sin duda muy alta, pero podía haber adquirido un exceso de confianza.

Wessex era uno de los siete grandes reinos anglosajones de la Heptarquía (Anglia Oriental, Mercia, Northumbria, Wessex, Sussex, Essex y Kent). Wessex acabaría absorbiendo a Sussex y se convertiría en la principal potencia del sur y suroeste de Inglaterra.

Demostraría ser un hueso duro de roer, y sus gobernantes no eran de los que se rendían fácilmente. Las campañas en el sur serían muy diferentes.

Wessex fue bendecida con ventajas de las que carecían sus vecinos. Tenía una economía fuerte centrada en la agricultura, con algo de minería de estaño en la mezcla. A diferencia de la Northumbria de la época, Wessex no estaba atormentada por guerras civiles internas ni por disputas aristocráticas. Además, a diferencia de Anglia Oriental, no estaba gobernada por una persona excesivamente piadosa que no pudiera ver el peligro potencial. La economía de Wessex y una clase dirigente estable dieron al sur de Inglaterra una mejor oportunidad de hacer frente al Gran ejército pagano.

El rey de Wessex en aquella época era Etelredo. Era hijo de Ethelwulfo y se convirtió en rey en 865, cuando solo tenía unos veinte años, tras la muerte de su hermano mayor, Ethelberto. El nuevo rey tuvo

---

[i] Lewis, R. (2023, 20 de agosto). *Ivar the Boneless*. Extraído de Brittanica.com: https://www.britannica.com/biography/Ivar-the-Boneless

que hacer frente al Gran ejército pagano y a la grave amenaza que se cernía sobre su reino.

Etelredo no se dejó intimidar por los vikingos y no estaba dispuesto a pagar un soborno a los invasores. Se alió con los mercios y ayudó a su vecino a intentar retomar Nottingham. Ese esfuerzo fracasó y los mercios se vieron obligados a pedir la paz. Sin embargo, Etelredo no se dejó intimidar. Estaba dispuesto a seguir resistiendo al Gran ejército pagano a pesar de tener que hacerlo solo.

La invasión de Wessex

Los vikingos decidieron que Wessex sería su próxima víctima y lanzaron un asalto contra ese reino a finales de 870. Etelredo y su hermano Alfredo fueron derrotados en Reading, pero pocos días después obtuvieron una victoria en la batalla de Ashdown. Los sajones occidentales perdieron en Basing y Meretun, pero Etelredo aún tenía un ejército en campaña. Iba a necesitarlo en breve.

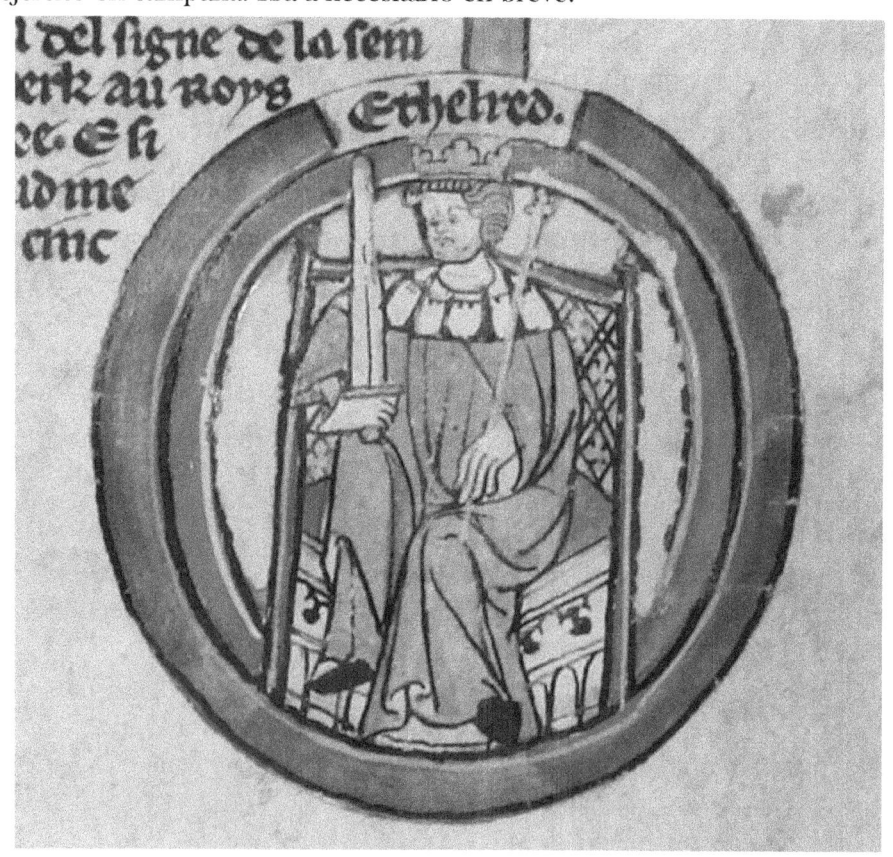

Una ilustración de Etelredo[16]

Los vikingos recibieron refuerzos del Gran ejército de verano, comandado por Guthrum, que era sobrino del rey danés. Estas tropas llegaron en abril de 871 y se unieron al resto de los vikingos en Reading. Etelredo murió poco después de la Pascua de 871 y le sucedió su hermano menor Alfredo. La historia de Alfredo y el Gran ejército pagano se tratará con más detalle en los capítulos siguientes. Baste decir por ahora que Alfredo se enfrentaba a un enorme obstáculo.

El Gran ejército pagano trastornó totalmente cualquier sentido del orden en Inglaterra. Tres de los cuatro reinos quedaron devastados y el daño causado a la economía fue considerable. La mejor lección que podía extraerse de la experiencia era la pena que había que pagar por carecer de un frente unido.

Northumbria, Mercia, Anglia Oriental y Wessex podrían haber detenido la incursión vikinga en sus primeras fases si se hubieran unido en una alianza contra el enemigo del mar. No lo estaban, y mientras un reino se derrumbaba, los otros trataban desesperadamente de encontrar una forma de aplacar a los daneses. Solo Wessex apreció el riesgo de tener un ejército extranjero en el corazón de Inglaterra. Como resultado, se enfrentaron al Gran ejército pagano, sabiendo que la existencia de su reino estaba en juego. Ningún soborno o tributo iba a impedir que el enemigo obtuviera su objetivo final de conquista completa.

La historia de Inglaterra estaba pasando a una página más oscura. No parecía haber nada que pudiera detener al Gran ejército pagano. Fue en este momento de la historia inglesa cuando un hombre dio un paso al frente para enfrentarse al enemigo. Todos los relatos admiten que era un gran hombre.

Capítulo cuatro: Alfredo el Grande

Hasta la fecha, Alfredo ha sido el único monarca inglés al que se ha llamado «el Grande». Cualquiera que analice lo que Alfredo logró durante su vida puede reconocer inmediatamente por qué es así. Alfredo se ganó justificadamente ese honor, y su reputación se basa en hechos, no en leyendas.

La historia inglesa tiene casos en los que una persona con coraje y audacia, como Isabel I o Winston Churchill, dio un paso al frente para liderar la nación en tiempos de crisis. Alfredo fue uno de los que impidieron que Inglaterra cayera en un abismo. Se convirtió en rey de Wessex en una época de la historia inglesa que podría haber acabado en un desastre de proporciones cataclísmicas.

Alfredo era hijo de Ethelwulfo y su esposa, Osburga. El antiguo rey tuvo cinco hijos, y cuatro de ellos pasarían a gobernar Wessex. La línea sucesoria de Wessex muestra un traspaso pacífico de un hermano a otro, ya que la mayoría de los hermanos no tenían herederos. También hay pruebas de que un hermano ayudaría a su hermano gobernante en tiempos de peligro. Esta podría ser una de las razones por las que el reino de Wessex tenía una monarquía estable y una sociedad que no era propensa a la guerra civil.

Ascenso al poder

Alfredo prestó ayuda a su hermano durante la feroz resistencia contra las incursiones del Gran ejército pagano en Wessex. Sin embargo, Etelredo murió, dejando hijos infantes. El reino se encontraba en una grave situación y no podía permitirse tener a un niño en el trono. Alfredo conocía los peligros a los que se enfrentaba Wessex, ya que había estado en primera línea de la resistencia desde el comienzo de la invasión del Gran ejército pagano en 865. La clase dirigente del país decidió prescindir de los niños pequeños y dar la corona a Alfredo.

Los vikingos controlaban ahora la mitad oriental de Inglaterra. Tras haber vencido o acobardado a los otros tres reinos anglosajones, el ejército extranjero pudo entonces volcar todos sus recursos y su poderío contra el reino del sur.

Alfredo continuó la lucha, pero se enfrentaba a un adversario que era implacable. No le quedaba otra alternativa que encontrar una forma de comprar la paz. Afortunadamente para él, los comandantes vikingos, Guthrum y Halfdan, estaban dispuestos a escuchar sus condiciones.

No es tan sorprendente que los vikingos estuvieran dispuestos a negociar. Llevaban luchando más de seis años y habían sufrido muchas pérdidas. Sus bajas eran elevadas y la moral empezaba a hundirse. Las oportunidades de saqueo se desvanecían y en sus filas crecía el deseo de asentar a sus familias en las tierras recién conquistadas. Sin embargo, el precio de la paz iba a ser alto.

Se exigió a Alfredo un pago anual del *danegeld* y la cesión del este de Inglaterra a los vikingos. Esto significaba que, en 873, los vikingos tenían el control de Anglia Oriental, Northumbria, Mercia y la sección oriental de Wessex. Alfredo estaba dispuesto a ceder a las condiciones. El rey de Wessex se dio cuenta de que tenía que ganar tiempo para plantar cara[1].

Preocupaciones vikingas

El Gran ejército pagano había invernado a finales de 871, sin duda agradeciendo el descanso de los continuos combates. Sus líderes necesitaban reevaluar sus prioridades y determinar sus próximos movimientos. Halfdan se dio cuenta de que se estaban produciendo algunos problemas en el norte. Los northumbrianos habían sido derrotados, pero eso no significaba que estuvieran satisfechos con sus nuevos señores. Había una rebelión contra Egberto que debía ser reprimida. Los mercios pagaron el *danegeld* para mantener la paz, pero

---

[1] MacNeil, R. (2019, mayo). *The Great Heathen Failure: Why the Great Heathen Army Failed to Conquer the Whole of Anglo-Saxon England.* Extraído de Digitalcommons.winthrop.edu:
https://digitalcommons.winthrop.edu/cgi/viewcontent.cgi?article=1105&context=graduatetheses

había problemas bajo la superficie. En 873, Ivar el Deshuesado murió. Halfdan perdió un valioso jefe de guerra.

Burgred iba a aprender que pagar a los vikingos no garantizaba la seguridad de su trono. El Gran ejército pagano atacó Mercia en 874, y Burgred se vio obligado a huir para salvar su vida. Finalmente se exilió en Roma y murió allí. Los vikingos tenían ahora el control total de Mercia[i].

Era evidente para los comandantes vikingos que no había nada más que lograr como fuerza unida. Además, había que vigilar Northumbria y Mercia, y sofocar cualquier posible rebelión. Era una época en la que la residencia permanente en Inglaterra era la nueva prioridad vikinga.

En 874, el Gran ejército pagano se dividió. Halfdan se dirigió al norte y comenzó el proceso de asentamiento de sus hombres en las tierras que habían conquistado. Guthrum se quedó atrás con su parte del ejército. Aunque Alfredo se enfrentaría a Guthrum en los años venideros, se enfrentaría a una fuerza enemiga mucho menor[ii].

La campaña de Wessex

La paz no significó que Alfredo disfrutara de la tranquilidad. Utilizó este tiempo para restablecer su autoridad en Wessex y reclutar un ejército. A diferencia de sus colegas reyes anglosajones, Alfredo no confiaba en que los vikingos respetaran la paz o permanecieran inactivos. Mantenía un ejército preparado para cualquier nuevo estallido de guerra. Fue una estrategia muy inteligente.

Guthrum atacó en 875. Utilizaba una forma de actuar que tuvo éxito en el pasado: ocupar una ciudad y esperar la oportunidad de recibir dinero a cambio de la promesa de marcharse. Así lo hicieron en Wareham. Alfredo no pudo tomar Wareham y negoció un tratado de paz con Guthrum. Los vikingos faltaron rápidamente a su palabra y mataron a los rehenes que Alfredo les había proporcionado. Se dirigieron a Exeter, donde Alfredo bloqueó exitosamente los barcos vikingos. Los vikingos negociaron la paz con Alfredo a finales de 877 y se retiraron a Gloucester. Sin embargo, seguían manteniendo su objetivo de hacerse con el control de todo Wessex.

---

[i] Discovery. (2023, 3 de mayo). *Who was King Burgred of Mercia and what did he do?* Extraído de Discoveryuk.com: https://www.discoveryuk.com/monarchs-and-rulers/who-was-king-burgred-of-mercia-and-what-did-he-do/

[ii] MacNeil, R. (2019, mayo). *The Great Heathen Failure: Why the Great Heathen Army Failed to Conquer the Whole of Anglo-Saxon England.*

Alfredo invernó en Chippenham durante la Navidad de 877. Los daneses atacaron a Alfredo en enero de 878 y lo obligaron a huir con un pequeño grupo de hombres al páramo. Los vikingos tenían la ventaja, pero no tenían al rey.

Algunos historiadores critican a Alfredo, diciendo que no fue capaz de derrotar a los daneses en combate en campo abierto. Parecía más propenso a sobornar a los vikingos y conseguir que se marcharan por un tiempo.

Tras el casi desastre de Chippenham, Alfredo era un monarca con una fuerza de combate apenas eficaz. Afortunadamente para Wessex, los acontecimientos estaban a punto de cambiar. El año 878 resultó ser muy decisivo.

Los pasteles ardientes

Alfredo escapó tras estar a punto de ser hecho prisionero y huyó a la clandestinidad. Encontró refugio en los pantanos de Somerset y se acantonó en la isla de Athelney. Aquí es donde se originó una de las leyendas más encantadoras sobre el rey Alfredo.

Alfredo estaba en una pequeña cabaña. La señora de la casa le pidió que vigilara unos pasteles de plancha (pequeñas hogazas de pan). Alfredo aceptó, pero estaba tan distraído con sus preocupaciones sobre qué hacer que se olvidó por completo de su tarea. Los pasteles se quemaron y la mujer se puso furiosa. Cuenta la leyenda que regañó e incluso golpeó al rey de Wessex con una escoba. Alfredo no le dijo que él era el rey y aceptó amablemente su castigo. La historia muestra al rey Alfredo no solo como una persona regia, sino también como alguien justo. Hizo algo mal, se disculpó por ello y no intentó castigar a la dama por su comportamiento.

No hay forma de comprobar la exactitud de esta historia porque no existe ningún registro de la época. En realidad, no se mencionó en absoluto hasta varios cientos de años después del supuesto momento en que tuvo lugar. No obstante, describe a un hombre dispuesto a aceptar el castigo y realza la leyenda de Alfredo el Grande[i].

---

[i] Pearce, S. (2023, 16 de febrero). *Where King Alfred Burnt Cakes in Athelney-King Alfred's Monument!* Extraído de Third Eye Traveler:
https://thirdeyetraveller.com/where-king-alfred-burnt-cakes-in-athelney-king-alfreds-monument/

La batalla de Edington

Alfredo sabía que tenía que contraatacar y golpear a los invasores lo más fuerte posible. Esperó hasta la primavera de 878 y entonces envió una llamada a su ejército para que se reuniera en un lugar conocido como la Piedra de Egberto. Una vez reunidas las tropas, Alfredo las hizo marchar a Edington. Allí, en algún momento entre el 6 y el 12 de mayo de 878, Alfredo y su ejército libraron un combate con los daneses. Los soldados de Alfredo formaron un muro de escudos y pudieron ofrecer una dura resistencia. Esta vez, los daneses fueron derrotados. La *Crónica anglosajona* da cuenta de lo que sucedió después.

> «Él [Alfredo] los persiguió hasta su fortaleza [Chippenham] y los sitió, por tanto, quince días. Esta vez fueron los vikingos los que tuvieron que ceder y pedir la paz. Le entregaron rehenes e hicieron grandes juramentos de abandonar el reino, y también de que su rey recibiría el bautismo»[i].

El Tratado de Wedmore

Tras la batalla de Edington, Alfredo y Guthrum llegaron a un acuerdo sobre el nuevo *statu quo* en Inglaterra. En él se definía la frontera entre Wessex y las posesiones vikingas, reconociendo todo lo que hoy es el sur y el suroeste de Inglaterra como perteneciente al rey Alfredo y a Wessex.

No se puede subestimar la importancia de este acuerdo. Los daneses se dieron cuenta de que su territorio tenía un límite. El tratado también exigía que Guthrum aceptara ser bautizado como cristiano.

Guthrum proporcionó rehenes que podrían ser asesinados inmediatamente si rompía el tratado. Los historiadores han señalado que este tratado fue el comienzo del proceso histórico que finalmente condujo a un Reino de Inglaterra unificado. Alfredo obtuvo una inmensa victoria gracias a su persistencia y valentía.

Sin embargo, esto no significó que los problemas con los vikingos desaparecieran. Todavía había incursiones y ataques en Wessex.

Alfredo había combatido a los daneses, utilizando tanto su ejército como su flota. Sin embargo, se dio cuenta de que tenía que haber una forma permanente de defensa contra los daneses para, en última instancia, disuadirlos de que intentaran alguna vez asaltar su territorio.

---

[i] Anglo-Saxon.net. (2023, 21 de agosto). *Early-Medieval-England.net Timeline: 871-899*. Extraído de Anglo-Saxon.net: http://www.anglo-saxons.net/hwaet/?do=seek&query=871-899

El sistema burgués

Alfredo desarrolló una política defensiva centrada en la creación de ciudades fortificadas conocidas como burgos. El plan básico era sencillo. Se animaba a la gente a asentarse en estas ciudades a cambio de parcelas de tierra gratuitas. Esto creó un sistema de lugares fortificados a no más de veinte millas de una ciudad. Una partida de asalto vikinga estaría a menos de un día de marcha de una milicia local. Los burgos también proporcionaron a los granjeros un lugar donde encontrar protección.

Alfredo mejoró la postura defensiva de los burgos construyendo carreteras que los interconectaban. Los vikingos se encontraban ahora en una situación en la que podían quedar aislados de cualquier escapatoria si atacaban un lugar. A los hombres del norte no les gustaba la idea de tener demasiadas bajas sin recompensa, así que tuvieron que pensárselo dos veces antes de aventurarse en Wessex.

Las carreteras que conectaban los burgos también se utilizaban para el comercio y otros intercambios. Alfredo creó esencialmente centros económicos dentro de su reino que podían utilizarse para mejorar la economía general.

Este plan fue extenso. Según figura en el *Burghal Hidage*, un documento anglosajón, se crearon más de treinta burgos[i].

Mapa de los burgos listados en el *Burghal Hidage*[16]

---

[i] The History Junkie. (2023, 21 de agosto). *5 Reasons That Burhs Were Important and How They Helped Alfred the Great Defeat the Vikings*. Extraído de Thehistoryjunkie.com: https://thehistoryjunkie.com/5-reasons-that-burhs-were-important-and-how-they-helped-alfred-the-great-defeat-the-vikings/

Otras defensas

Los vikingos continuaron asaltando el territorio en poder del rey Alfredo. En 893 se produjo un importante ataque marítimo que fue diferente a algunas de las incursiones anteriores. Los vikingos llevaron a sus familias con la intención de colonizar. Alfredo pudo hacer frente a estos ataques y superar a sus enemigos.

Uno de los cambios que introdujo Alfredo tuvo que ver con la defensa marítima. En 896, ordenó la construcción de una pequeña flota de barcos largos que tenían cada uno el doble del tamaño de un navío de asalto vikingo. Aunque no fue el nacimiento de la armada inglesa, aumentó el poder naval de Wessex.

Alfredo tenía barcos que eran más rápidos, más grandes, más firmes y navegaban más alto en el agua que los barcos vikingos. Pudo interceptar a las partidas de asalto cuando se acercaban por el agua, lo que hizo que su reino fuera mucho más seguro.

Alfredo y la educación

Alfredo fue más que un guerrero. Fue un innovador y un reformador que introdujo cambios significativos en su reino. Cuando visitó Roma, se alojó con el rey franco Carlos el Calvo y discutió con él cómo los reyes carolingios pudieron hacer frente a los vikingos.

Alfredo sabía que necesitaba dinero para pagar sus defensas, así que amplió los impuestos y basó lo que debía una persona en la productividad de las tierras que poseía. Un *hide* era la unidad básica para evaluar las obligaciones fiscales. Era la cantidad de tierra necesaria para mantener a la propia familia y variaba en tamaño. A los terratenientes se les exigían servicios o dinero en función de cuántos *hides* poseía ese individuo.

Alfredo quería crear un sistema educativo que rivalizara con el creado por Carlomagno. Se crearon escuelas cortesanas para educar a la nobleza y a los de menor rango social. El plan de estudios estaba dedicado a las artes liberales[i].

Alfredo era diferente de alguien que quería aprender por aprender. Le preocupaba la correcta ejecución de la justicia y buscaba una mejor comprensión de cómo vivir según los principios divinos.

---

[i] European Royal History. (2022, 22 de octubre). *October 26, 899: Death of Alfred the Great, King of the Anglo-Saxons*. Extraído de Europeanroyalhistory.com: https://europeanroyalhistory.wordpress.com//?s=Alfred+the+Great&search=Go.

Alfredo se declaró rey de los anglosajones en 886. Dejó tras de sí un reino que se encontraba en mejor situación que cuando él lo había encontrado en el momento de su coronación. Sus reformas educativas, su éxito en las empresas militares y sus intentos de preservar la paz y la estabilidad de Wessex son las razones por las que se lo conoce como «el Grande». Tenemos que admitir que su reinado fue un periodo de tiempo notable en el que el carácter de la Inglaterra anglosajona cambió para mejor.

Para los vikingos ya no tenía sentido saquear y destruir el campo. Se ganaba mucho más labrando los campos y dedicándose al comercio.

La paz ya no era solo un pasatiempo al que entregarse cuando el tiempo era terrible. Los vikingos y sus familias se estaban asentando en una zona de lo que hoy es la Inglaterra moderna. Se conocía como el *danelaw*. Duró menos de cien años, pero dejó una huella indeleble en la campiña inglesa. Merece la pena explorar los cambios que produjo.

Capítulo cinco: El *danelaw*

La invasión del Gran ejército pagano en 865 fue el punto álgido de las incursiones vikingas en Inglaterra. En los años siguientes, la intensidad de los ataques vikingos comenzó a disminuir. Hay algunas razones principales que explican la disminución de la violencia de las incursiones marítimas.

Las comunidades anglosajonas desarrollaron estrategias para hacer frente a los merodeadores. El sistema de burgos establecido por Alfredo el Grande creó una red de ciudades fortificadas que podían resistir a los vikingos, y las milicias locales estaban mejor organizadas. La armada de Alfredo podía ahora enfrentarse a los merodeadores que llegaban en aguas abiertas. Eso estaba muy lejos de esperar en las playas, en busca de un barco largo dragón que apareciera en el horizonte. Los vikingos eran hombres valientes, pero no temerarios. Atacar un lugar fortificado que los esperaba y estaba preparado para infligirles graves bajas era demasiado riesgo.

Guthrum se convirtió al cristianismo, y no fue el único hombre del norte en hacerlo. Otros aceptaron el camino de la cruz, quizá no siempre debido a un impulso de acercamiento a Jesús. Ser cristiano ofrecía algunas posibilidades para la empresa comercial, y el comercio proporcionaba beneficios más fiables que las incursiones. Las actividades pacíficas, como la agricultura, eran alternativas tentadoras a la existencia de tala y quema de los días anteriores.

Además, los vikingos lograron su objetivo de obtener tierras en Inglaterra. Northumbria, Mercia y Anglia Oriental quedaron bajo el control de los señores vikingos, y el Tratado de Wedmore estableció fronteras fijas entre Wessex y las tierras en poder de los vikingos. Surgió una nueva entidad política, el *danelaw*.

Creación de un país de daneses

Se conocía como *Danelagen* en danés y *Dena lagu* en inglés antiguo. El Danelaw era un reconocimiento de que los vikingos estaban en Inglaterra para quedarse. Los estudiantes modernos de historia olvidan a veces que los vikingos no eran solo piratas. También eran agricultores y herreros excepcionales. Habían establecido comunidades en Escandinavia y llevaron sus sociedades a la Inglaterra anglosajona. El territorio que habitaron los vikingos se extendía desde Londres hasta Anglia Oriental y a través de las Tierras Medias hasta el norte de Inglaterra[i].

El importante documento fundacional del Danelaw fue el Tratado de Wedmore. Guthrum no deseaba romper el tratado que había firmado y estaba dispuesto a dejar de ser una molestia merodeadora. La Mercia danesa estaba bajo el control de cinco ejércitos daneses, que introdujeron sus leyes y costumbres nativas en esta sección media de Inglaterra. Se establecieron cinco ciudades principales o divisiones (*boroughs*) en esta zona controlada por los vikingos: Derby, Leicester, Lincoln, Nottingham y Stamford. Todos ellos eran municipios fortificados.

Quince condados de la Inglaterra moderna se convertirían en el Danelaw. Entre ellos se encontraban Leicester, Nottingham, Derby, Lincoln, York, Essex, Cambridge, Suffolk, Northampton, Norfolk, Huntington, Bedford, Middlesex Hertford y Buckinghamshire.

Centros importantes de Danelaw

Nottingham era una de las principales ciudades. El asentamiento danés comenzó oficialmente en 877. Derby se asentó en 877. El municipio de Lincoln era una posesión estratégica; se encontraba en la ruta entre Wessex y York. Leicester sería escenario de varios enfrentamientos militares mientras formó parte del Danelaw[ii].

---

[i] Roua, V. (2016, 7 de mayo). *A Brief History of the Danish Vikings and of the Danelaw*. Extraído de Thedockyards.com: https://www.thedockyards.com/the-danish-vikings-and-the-danelaw/

[ii] Brain, J. (2023, 26 de agosto). *The Five Boroughs of Danelaw*. Extraído de Historic-uk.com: https://www.historic-uk.com/HistoryUK/HistoryofEngland/The-Five-Boroughs-Of-Danelaw/

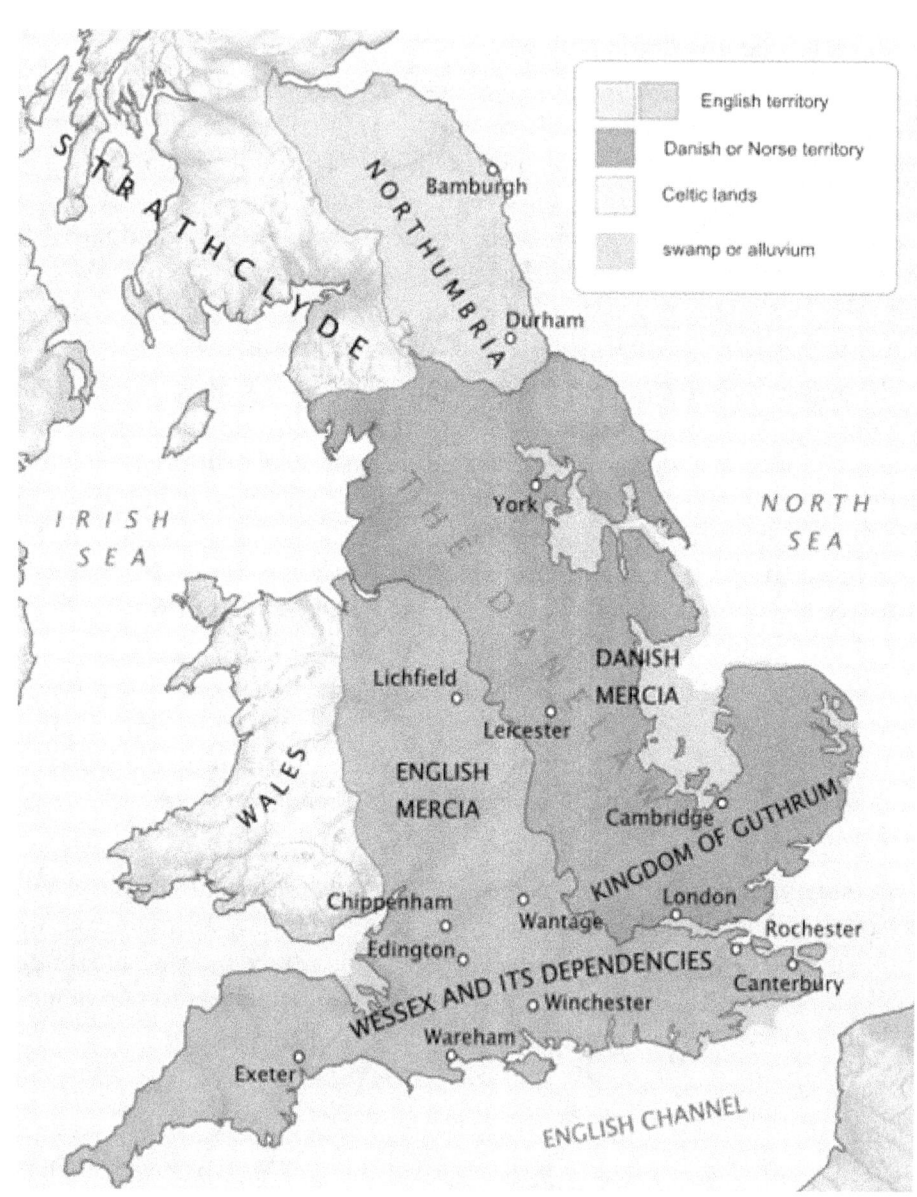

El Danelaw en 878 [17]

La población

No sabemos con exactitud cuántos escandinavos decidieron establecerse en el Danelaw. Aunque era una oportunidad para expandirse en una nueva región, no todos estaban dispuestos a abandonar sus antiguos hogares por un lugar nuevo. Es posible que solo emigraran unos pocos miles.

Estos inmigrantes se mezclaron con los anglosajones. Debido a ello, se creó una lengua que era una combinación del nórdico antiguo y el inglés antiguo. Ambos dialectos tenían un origen germánico y eran similares en muchos aspectos. Una diferencia entre ambos radicaba en las reglas gramaticales, que podían causar cierta confusión hasta que los dos se fundieron en uno solo.

Finalmente se desarrolló un dialecto anglo-nórdico, y los dialectos tradicionales de Yorkshire, Lancashire, el Distrito de los Lagos y Lincolnshire pueden remontar sus raíces a este *patois*[i].

Comercio en el Danelaw

Las ciudades del Danelaw pasaron a formar parte de la red comercial escandinava. Se trataba de una autopista comercial que dominó el norte de Europa durante siglos y fomentó el desarrollo comercial de una extensión que abarcaba toda Escandinavia, Gran Bretaña, Irlanda y hasta Islandia. Las ciudades comerciales incluían lugares tan lejanos como Kiev, Novgorod, Ruán, Wolin, Dublín y Truso[ii]. Los bienes comunes con los que se comerciaba incluían esclavos, pieles, textiles y artículos de hierro. Las importaciones, como las especias procedentes de Bizancio, enriquecían a las sociedades que formaban parte de la red comercial. Gracias a la extensa red comercial, se introdujeron productos que no se habían visto antes en la Inglaterra anglosajona[iii].

Había centros de importante actividad comercial en el Danelaw. York, conocida como Jórvík por los daneses, era el mejor ejemplo. Las

---

[i] Viking.no. (2004, 14 de agosto). *The Danelaw: Population, culture and heritage.* Extraído de Viking.no: https://www.viking.no/e/england/danelaw/e-heritage-danelaw.htm

[ii] Skjaden. (2020, 16 de enero). *Trade in the Viking Age-Do You Know Which Trade Towns That Were the Most Important Ones?* Extraído de Nordic Culture: https://skjalden.com/where-did-the-vikings-trade

[iii] Skald, F. t. (2016, 16 de septiembre). *Viking History: Post-by-Post.* Extraído de Fjorn-the-skald.tumblr.com: https://fjorn-the-skald.tumblr.com/post/150515624715/lesson-16-viking-money-commerce-coins-and

excavaciones en la zona de York sugieren la diversidad de mercancías que entraron en la Inglaterra anglosajona gracias a la red comercial del Danelaw.

Las actividades manufactureras en el Danelaw incluían el vidrio, el cuero y la metalistería. Se encontraron joyas y accesorios de vestir procedentes de Escocia e Irlanda, junto con conchas de cauri del Mediterráneo y marfil de morsa que se importaba de Noruega.

Los barcos escandinavos podían remontar el Humber y luego navegar por el río Ouse hasta York, gracias al poco calado de las embarcaciones. Las mercancías comerciales podían llevarse por tierra hasta la costa occidental y cargarse en barcos que se dirigían a Dublín, Irlanda. Otros puertos irlandeses eran Cork, Waterford, Wexford y Limerick, todos ellos destinos comerciales de los mercaderes del Danelaw.

Los viajes por tierra eran posibles desde York a través de senderos en los valles. York está situada en una llanura amplia y plana que se extiende de sur a norte y atraviesa el norte de Inglaterra. Esto significaba que las caravanas de comerciantes podían dirigirse al norte, a Escocia, o al sur, a Nottingham y Derby[i].

Derecho y administración

La idea de los juicios por combate y los feudos de sangre da lugar a emocionantes programas de televisión, pero no era así como se gestionaban los asuntos en el Danelaw. Existía un sistema de práctica y administración legal que permitía a la sociedad funcionar de forma ordenada. El sistema jurídico del Danelaw se basaba en el derecho escandinavo.

Sin embargo, las prácticas legales del Danelaw diferían de la Inglaterra anglosajona. La pena por matar a una persona en el Danelaw estaba determinada por el estatus social de la persona. Los castigos por delitos relacionados con la jurisdicción real en la Inglaterra anglosajona eran significativamente más severos, y los ámbitos de las ofensas eran más amplios.

La zona de los Cinco Burgos (Derby, Leicester, Lincoln, Nottingham y Stamford) contaba con una amplia organización del sistema judicial, que incluía tribunales de condado y reuniones de tribunales de aldea. Este sistema dio origen al uso de jurados en el derecho consuetudinario inglés.

---

[i] Viking.no. (2004, 14 de agosto). *Trade routes in the British Isles*. Extraído de Viking.no: https://www.viking.no/e/england/york/jorvik_trading_centre_2.html

Los jurados eran una característica de la jurisprudencia escandinava, desconocida hasta entonces en las regiones anglosajonas.

El campesinado libre, en oposición a la servidumbre, era una característica del Danelaw. La idea de un sistema señorial basado en lazos feudales entre un señor y sus siervos no era común en el Danelaw. Los campesinos libres eran descendientes de soldados y colonos. Existía una categoría especial, los *sokemen*, que estaban obligados a realizar tareas menores para su señor, como pagar pequeñas rentas y ayudar en el campo durante la cosecha. Sin embargo, estas personas tenían la propiedad completa de sus parcelas. La relación con su señor era contractual, no hereditaria. Aunque la invasión normanda en el siglo XI cambiaría las cosas, los *sokemen* aún podían encontrarse en Anglia Oriental y en la zona de los Cinco Burgos durante siglos.

La libertad social en el Danelaw llevó a la zona a convertirse en una de las regiones más prósperas de Inglaterra. Los hombres libres convirtieron los bosques y páramos en tierras de cultivo y mejoraron la actividad agrícola de la región. Las innovaciones y costumbres que introdujeron los inmigrantes vikingos servirían de modelo para la futura sociedad inglesa[i].

Acuñación

Un aspecto fascinante de las prácticas comerciales del Danelaw era el uso de monedas. Puede parecer un elemento menor, pero las monedas permiten a una economía hacer más manejable el intercambio de mercancías. La razón es sencilla. La alternativa sería utilizar otro producto o lingotes de metal para pagar algo. Se necesitaría la tasación de la otra mercancía comercial o medidas de peso para determinar cuánto lingote había que pagar.

Los nórdicos utilizaban originalmente una economía de lingotes y pesaban el metal para las transacciones comerciales. Los nuevos colonos del Danelaw estaban familiarizados con las monedas porque el Danegeld se pagaba en moneda anglosajona.

La interacción con otras zonas comerciales extranjeras demostró la importancia del uso de monedas y, a mediados de la década de 890, se introdujo la acuñación nacional en el Danelaw. Se han encontrado monedas en excavaciones de York y yacimientos de Anglia Oriental, aunque no en gran cantidad. La imaginería cristiana, como la cruz

---

[i] Chakra, H. (2021, 27 de septiembre). *The Story of Danelaw*. Extraído de About-history.com: https://about-history.com/the-story-of-danelaw/

cristiana, se encontraba comúnmente en las monedas del Danelaw. Los lingotes se seguían utilizando, sobre todo en las zonas rurales, pero se establecieron cecas en lugares como York.

Ejemplos de monedas vikingas [18]

Interacción con los anglosajones

Los antiguos asaltantes del mar se establecieron más en Inglaterra en el siglo X y participaron en la diplomacia del reino anglosajón de Wessex. Existían barreras lingüísticas que había que superar para mantener relaciones estables y pacíficas. Como ya se ha mencionado, las palabras nórdicas se introdujeron gradualmente en la lengua inglesa en desarrollo.

Los expertos en lingüística hablan del concepto de palabras prestadas. Estas fueron infundidas al inglés por el nórdico antiguo, y se calcula que unas seiscientas palabras prestadas forman parte del inglés estándar actual.

Algunas de las palabras inglesas que se utilizan a diario derivan de fuentes escandinavas. *Anger, berserk, ransack* y *slaughter* (ira, furia, saqueo y matanza) reflejan la época de las incursiones vikingas. Sin embargo, no todas las expresiones eran violentas. *Sky, skip, happy* y *glitter* (cielo, salto, feliz y brillo) tienen todas ellas su origen en el nórdico antiguo o en las lenguas escandinavas.

Los días de la semana, como *Thursday* (jueves), proceden de los vikingos. Y algunas palabras útiles como *get*, *take* y *they* (obtener, tomar y ellos) procedían de los hombres del norte[i].

El *Libro Domesday*, un levantamiento topográfico de Inglaterra completado por Guillermo el Conquistador, proporciona pruebas de que los préstamos escandinavos eran cada vez más familiares y se utilizaban con frecuencia. El 40% de los topónimos de Yorkshire del Este, registrados en el *Libro Domesday,* son de origen escandinavo. Además, el 50% de los nombres de Nottingham y Cheshire eran escandinavos. Se argumenta que esto refleja las convenciones de nomenclatura y no que hubiera un gran número de escandinavos en esas zonas[ii].

El cristianismo y el Danelaw

La conversión de Guthrum fue el primer cambio religioso significativo que afectó a los nuevos colonos de la Inglaterra anglosajona. La tendencia hacia el cristianismo aumentaría en el siglo X a medida que el comercio entre los nórdicos y los anglosajones comenzó a crecer. El cristianismo se convirtió en un vínculo común entre los anglosajones y los daneses. Hacerse cristiano tenía sentido para los comerciantes nórdicos porque las interacciones eran mucho más manejables. También hizo que los colonos nórdicos fueran más aceptados en la sociedad anglosajona y europea.

El cristianismo permitió pacificar en cierta medida a unas personas acostumbradas a la violencia. Se adoptaron valores como la caridad y el servicio a la comunidad, y estos valores, entre otros, ayudaron a la «domesticación» de los asaltantes del mar. Aún quedarían algunos vestigios de las antiguas costumbres de los vikingos en el folclore y los festivales, pero el cristianismo acabó por imponerse en el Danelaw.

Los asaltantes que antes quemaban y saqueaban monasterios ayudaron a construir otros nuevos, y el arzobispado de York se convirtió gradualmente en un centro cristiano vital en Inglaterra. Un ejemplo de triunfo del cristianismo sobre las antiguas prácticas nórdicas es Oswaldo

---

[i] Sky History. (2023, 26 de agosto). *Old Norse Words We Use Every Day*. Extraído de www.history.co.uk: https://www.history.co.uk/shows/vikings/articles/old-norse-words-we-use-every-day

[ii] Fi, B. a. (2015, 2 de mayo). *Vikings in the Danelaw*. Extraído de Babiafi.co.uk: https://www.babiafi.co.uk/2015/05/vikings-in-danelaw.html

de Worcester. Fue arzobispo de York entre 972 y 992, y se comprometió con la reforma eclesiástica. Oswaldo tenía ascendencia danesa y más tarde se convirtió en santo.

El cristianismo era también un medio de asegurar la paz doméstica dentro del Danelaw. No todos los habitantes del Danelaw procedían de Escandinavia. La tolerancia del cristianismo facilitó a los señores nórdicos la administración de sus territorios y la lealtad de la población anglosajona.

Curiosamente, los cementerios de Gran Bretaña ofrecen ejemplos de integración religiosa. Hay pruebas de enterramientos paganos, y en la isla de Man se han encontrado cruces cristianas grabadas con arte escandinavo. Los nuevos colonos estaban dispuestos a incorporar diseños artísticos a la imaginería cristiana estándar.

Finalmente, Guthrum se retiró a Anglia Oriental y reinó sobre el reino de Guthrum hasta su muerte.

Las relaciones pacíficas entre los daneses y los anglosajones no siempre duraron mucho tiempo. Las fricciones entre ambos bandos se agravaron.

La principal diferencia entre los primeros años del siglo X y lo que había sucedido antes era que ahora el zapato estaba en el otro pie. El sucesor de Alfredo el Grande, Eduardo el Viejo, no quería un enemigo potencial en su frontera septentrional. Se libraron agresivas campañas contra los daneses en el Danelaw y en la Northumbria danesa. Se firmó un tratado en 906, pero no duró porque Eduardo hostigó a los daneses de Northumbria en 909. Eduardo continuó sus ofensivas contra los daneses y, en 912, se había hecho con el control del sur de Danelaw. En los años siguientes, Eduardo derrotó a los daneses en varias batallas.

Eduardo el Viejo formó parte del resurgimiento de la Inglaterra anglosajona. Los anglosajones no eran tan díscolos como en años anteriores, sino que se unían bajo el rey de los anglosajones.

La caída del Danelaw también fue causada por luchas internas que desviaron la atención de la amenaza militar que se acercaba desde el sur.

La asimilación cultural debilitó los lazos con la cultura nórdica. Los matrimonios mixtos hicieron que los escandinavos perdieran su identidad distintiva al mezclarse cada vez con más frecuencia con los anglosajones. El uso del inglés antiguo se hizo más frecuente y el cristianismo reforzó los vínculos con los anglosajones.

Los escandinavos ya no eran un grupo único y se enfrentaban a un enemigo que presentaba un frente unido contra ellos. Eran los anglosajones quienes ahora deseaban tener el control del país. Los gobernantes del Danelaw estaban cada vez más en desventaja.

Athelstan, hijo de Eduardo el Viejo, continuó la política agresiva contra el Danelaw. Los antiguos vikingos se vieron gradualmente obligados a retroceder de sus posesiones originales. Los anglosajones se beneficiaron de una estrategia militar más organizada y de alianzas políticas. El Danelaw dejó de ser una entidad política en 954, cuando Erik Hacha Sangrienta fue expulsado de Northumbria.

En el próximo capítulo veremos más de cerca cómo cayó el Danelaw.

Capítulo seis: Eduardo y Athelstan

Cualquier periodo de paz sostenida daba a los anglosajones la oportunidad de consolidar sus posiciones y planear futuras vías de expansión hacia el territorio del Danelaw. Era obvio que tener a una potencia extranjera controlando vastas porciones de Inglaterra no era la mejor política exterior. Los vikingos, ahora asentados, tenían su propio sistema legal, que no podía conciliarse fácilmente con la ley anglosajona existente. Además, estos extranjeros controlaban importantes rutas comerciales y recursos, lo que podía repercutir en la economía del sur. Las cosas empeoraron cuando los vikingos atacaron el territorio anglosajón, actuando más como bandoleros que como vecinos pacíficos. Inglaterra era, a efectos prácticos, una casa dividida. Ese estado de cosas no podía mantenerse por mucho tiempo.

Eduardo asciende al poder

Eduardo el Viejo gobernó desde 899 hasta 924. Era hijo de Alfredo el Grande y pretendía seguir los pasos de su padre en la medida de lo posible. La reconquista de Inglaterra al sur del Humber fue un objetivo a largo plazo que persiguió.

No sabemos mucho sobre Eduardo antes de que se convirtiera en rey. La *Vida del rey Alfredo* de Asser, escrita en 893, dice que Eduardo era un hijo obediente de Alfredo y alguien que trataba a los demás con amabilidad, humildad y gentileza. Eduardo no era un ignorante. Estaba bien educado y familiarizado con los libros.

Las fuentes de las que disponemos indican que Eduardo era un luchador y una persona popular en la familia real. Creemos que Alfredo concedió a Eduardo cierto grado de autoridad independiente y que el viejo rey nombró a Eduardo subrey de Kent. Eduardo parecía ser un sucesor legítimo y competente de su padre, pero tendría que ganarse su derecho de nacimiento en el campo de batalla.

La revuelta de Ethelwold

Alfredo tenía otros parientes varones que podían reclamar el trono de Wessex. Uno de ellos era su sobrino, Ethelwold. Era hijo del hermano mayor de Alfredo, Etelredo I, y Ethelwold se rebeló porque creía que tenía tanto derecho al trono como Eduardo.

Después de que Eduardo fuera coronado rey, Ethelwold se apoderó de Wimborne, en Dorset. Eduardo lo obligó a dejar ese puesto y Ethelwold escapó a Northumbria. Allí, los daneses le juraron lealtad y lo declararon su rey. Ethelwold reunió una flota y, a finales de 901, desembarcó su fuerza en Essex. Al año siguiente, persuadió a los daneses de Anglia Oriental para que se unieran a él y comenzó a realizar incursiones en Wiltshire y Wessex. El enfrentamiento final entre Eduardo y Ethelwold tuvo lugar en 902 en la batalla de Holme. Ethelwold murió en la lucha, lo que puso fin a cualquier oposición a que Eduardo fuera rey de Wessex.

La rebelión de Ethelwold exponía un peligro para Eduardo y su reinado. Era algo más que un falso pretendiente intentando ocupar su trono; el apoyo de los daneses y del Danelaw era muy preocupante. Eduardo no podía estar tranquilo con una nación en sus fronteras que podría apoyar otra rebelión más adelante. Era necesario poner fin a cualquier amenaza al poder de Eduardo[i].

Rey de los anglosajones

Alfredo el Grande se había declarado rey de los anglosajones, y Eduardo asumió ese mismo título. Eso era significativo en sí mismo. Eduardo no solo era el rey de Wessex y Mercia, sino también de todos los anglosajones que no vivían en zonas controladas por los vikingos. Muchos anglosajones poblaban el Danelaw, por lo que Eduardo podía concebiblemente decir que tenía el derecho e incluso la obligación de ser el amo y señor de esas personas. Su título de rey de los anglosajones podía justificar sus ataques contra el Danelaw, ya que podía decir que tenía la intención de anexionarse territorios donde se concentraban los anglosajones.

---

[i] Anglo-Saxons.net. (2023, 26 de agosto). *Edward the Elder*. Extraído de Early-Medieval-England: http://www.anglo-saxons.net/hwaet/?do=get&type=person&id=EdwardtheElder

Dama de los mercios

Eduardo tenía una hermana llamada Ethelfleda. Fue una valiosa aliada del rey de Wessex.

Para comprender su relación política con Eduardo, debemos remontarnos al reinado de Alfredo el Grande. Mercia había sido repartida entre los anglosajones y los daneses tras la batalla de Edington, y los primeros controlaban la parte occidental de Mercia. Esa parte de Mercia quedó bajo el control de Etelredo, señor de los mercios. Este reconoció a Alfredo como su soberano.

La alianza entre Etelredo y Alfredo se formalizó con el matrimonio de Etelredo con la hija mayor de Alfredo, Ethelfleda. Etelredo fue un crucial aliado de Alfredo y ayudó a repeler los ataques vikingos en la década de 890. Cuando Etelredo murió en 911, Ethelfleda ocupó el lugar de su difunto marido y gobernó el territorio mercio.

Continuó la política de Etelredo de aliarse estrechamente con Wessex. Esa relación resultaría fundamental cuando Eduardo comenzó a realizar movimientos expansionistas hacia el Danelaw.

Ethelfleda fue un fenómeno en una época en la que hombres fornidos lo gobernaban prácticamente todo. Fue una gobernante muy eficaz por derecho propio. Guillermo de Malmesbury, cronista anglonormando, fue efusivo en sus elogios hacia esta mujer. En su opinión, Ethelfleda era «una poderosa incorporación al partido de Eduardo, el deleite de sus súbditos, el temor de sus enemigos, una mujer de alma engrandecida»[i].

Una ilustración de Ethelfleda[19]

---

[i] "Order of Medieval Women". https://www.medievalwomen.org/aeligthelflaeligdnbsplady-of-the-

Guillermo de Malmesbury no fue el único que apreció la influencia y la autoridad de Ethelfleda. Los historiadores modernos la han comparado con Isabel I, y su estatura casi eclipsa a la de su hermano. Juntos, Ethelfleda y Eduardo formaban un dúo dinámico que daría pesadillas a los gobernantes del Danelaw.

Construir un baluarte

No sabemos mucho sobre el reinado de Eduardo desde la batalla de Holme hasta 906. Ese año tenía una tregua con los daneses, pero se rompió y los vikingos hicieron incursiones a lo largo del Severn. Estaba claro que Eduardo ya no podía confiar en sus vecinos.

Alfredo el Grande había creado una sólida línea defensiva, y Eduardo la mejoró. Ethelfleda se unió a él en las construcciones defensivas. Construyó o mejoró las defensas de Wednesbury, Bridgenorth, Tamworth, Stafford, Warwick, Cherbury y Runcorn. Los dos gobernantes crearon posiciones que podían reforzar las defensas del sur contra cualquier contraataque danés.

Eduardo permaneció ocupado. Envió un ejército a Northumbria en 909 y se apoderó de los huesos de san Oswaldo (que fue rey de Northumbria en el siglo VII) en Lincolnshire. Los daneses de Northumbria tomaron represalias con una incursión en Mercia. Los vikingos fueron recibidos por un ejército anglosajón en la batalla de Tettenhall, donde fueron derrotados. Después de Tettenhall, los daneses de Northumbria no volvieron a ir al sur del estuario del Humber, lo que permitió a Eduardo concentrarse en Anglia Oriental y los Cinco Burgos.

Lo interesante de lo que ocurrió en esos pocos años es que Eduardo animaba a los anglosajones a comprar tierras en territorio danés. Probablemente se trataba de un movimiento para solidificar su reclamación del territorio, ya que cada vez más anglosajones vivían en territorio danés.

Otra evolución se produjo en el combate. En los años anteriores, no era habitual que los anglosajones emprendieran campañas agresivas y ofensivas. En su lugar, confiaban en el Danegeld para mantener a los vikingos contentos y a distancia. Eduardo utilizó el Danegeld en ocasiones, pero se volvió más agresivo con el paso de los años. Neutralizó a los daneses de Northumbria, lo que supuso una importante victoria por sí solo. Las invasiones vikingas ya no tenían tanto éxito como antes.

---

mercians.html.

Una ilustración de Eduardo el Viejo [20]

Ethelfleda también pasó a la ofensiva. Un ejército que envió en 917 a Derby le permitió hacerse con el control de un importante distrito del Danelaw. Esto se considera su mayor triunfo. El año 917 es también el año en que los daneses de Anglia Oriental se sometieron a Eduardo.

Ethelfleda tomó el control de Leicester en 918 y recibió la sumisión del ejército danés local. La gran dama murió en 918 y Mercia fue absorbida por Wessex.

Eduardo siguió construyendo fuertes en lugares como Towcester y Maldon. Sus ejércitos siguieron teniendo éxito contra las tropas danesas, llegando incluso a tomar Nottingham. La *Crónica anglosajona* de 918 decía lo siguiente sobre los logros de Eduardo: «Y todos los pueblos que se habían asentado en Mercia, tanto daneses como ingleses, se sometieron a él»[i].

---

[i] "Edward the Elder". http://www.anglo-saxons.net/hwaet/?do=get&type=person&id=EdwardtheElder.

Eduardo tenía el control efectivo de todas las tierras al sur del Humber. Northumbria seguía siendo disputada, pero Eduardo logró mucho en pocos años. El concepto de Inglaterra como país unificado se hacía cada vez más realidad, gracias a los esfuerzos de Eduardo y Ethelfleda.

Letras y artes

Eduardo era un guerrero eficaz porque tenía que serlo. Mantener una corona en la Edad Media era un trabajo de 24 horas al día, 7 días a la semana, y necesitaba estar alerta ante cualquier posible amenaza. Esto no significaba que su reinado fuera solo batallas y asedios. Aunque Eduardo no tenía tantas inclinaciones académicas como su padre, fue instruido por los eruditos de la corte de su padre y era un hombre entendido.

No sabemos hasta qué punto siguió los programas de Alfredo el Grande para la reforma educativa, pero la escritura conocida como minúscula anglosajona, una forma de caligrafía utilizada en la Edad Media que hacía más reconocible el alfabeto latino, tiene sus primeras fases en el reinado de Eduardo. Sí sabemos que existían centros eruditos en Canterbury, Winchester y Worcester.

Los bordados a gran escala que se conservan realizados en la Inglaterra anglosajona se remontan al reinado de Eduardo. Estos artículos fueron extraídos del ataúd de san Cutberto, y fueron encargados por la segunda esposa de Eduardo.

Eduardo también fue responsable de la construcción de la Nueva Catedral de Winchester. Fue una abadía real que Eduardo encargó porque quería un edificio mucho más grandioso que el anterior.

Un rey poderoso

El éxito de Eduardo a la hora de someter a Inglaterra a su control queda ejemplificado en un pasaje de la *Crónica anglosajona*:

> «Entonces Eduardo se dirigió desde allí al Peak District, a Bakewell, y ordenó que se construyera un burgo en los alrededores y se dotara de personal. Y entonces el rey de los escoceses y todo el pueblo de los escoceses, y Raegnald y los hijos de Eadwulf y todos los que viven en Northumbria, tanto ingleses como daneses, nórdicos y otros, y también el rey de los galeses de Strathclyde y todos los galeses de Strathclyde lo eligieron como padre y señor»[i].

---

[i] Davidson, Michael R. (2001). "The (Non)submission of the Northern Kings in 920". En

Se ha discutido si esta parte de la *Crónica anglosajona* es exacta, pero hay pocas dudas de que, tras veinte años de campañas, Eduardo tenía el control absoluto de las tierras al sur del Humber y tenía a los daneses a contrapié.

El rey Eduardo el Viejo murió en 924 durante una campaña contra los galeses. Su sucesor, Athelstan, fue un rey tan competente como su padre y su abuelo.

Athelstan

Athelstan era hijo de Eduardo el Viejo y de la consorte del rey, Egwina. Athelstan sería un orgullo para su padre y está considerado como uno de los más grandes reyes de Inglaterra.

Athelstan continuó una tradición iniciada por Alfredo el Grande: servir como rey competente de Wessex. La reputación de esta monarquía era impresionante, y la historiadora medieval moderna Veronica Ortenberg se explayó sobre su estatus, del que gozaban incluso en ultramar.

«Los reyes de Wessex arrastraban un aura de poder y éxito que los hizo cada vez más poderosos en la década de 920, mientras la mayoría de las casas continentales se encontraban en apuros militares y se enzarzaban en guerras intestinas de época. Mientras que las guerras civiles y los ataques vikingos en el Continente habían supuesto el fin de la unidad del imperio carolingio, que ya se había desintegrado en reinos separados, el éxito militar había permitido a Athelstan triunfar en casa e intentar ir más allá de la reputación de gran dinastía heroica de reyes guerreros, para desarrollar una ideología carolingia de la realeza».

La historiadora va más allá al afirmar que los gobernantes europeos consideraban a Athelstan como el nuevo Carlomagno. Los días de los débiles reyes anglosajones habían quedado atrás[i].

Higham, N. J.; Hill, D. H. (eds.). Edward the Elder, 899-924. Abingdon, Reino Unido: Routledge. págs. 200-211. ISBN 978-0-415-21497-1.

[i] Ortenberg, Veronica (2010). "The King from Overseas: Why did Æthelstan Matter in Tenth-Century Continental Affairs?". En Rollason, David; Leyser, Conrad; Williams, Hannah (eds.). England and the Continent in the Tenth Century: Studies in Honour of Wilhelm Levison (1876-1947). Turnhout, Bélgica: Brepols.

Un vitral del siglo XV de Athelstan [21]

La sucesión de Athelstan fue disputada. Su hermanastro, Elfweard, reclamó el trono y podría haberse producido una guerra civil. Afortunadamente para Athelstan, Elfweard murió pocas semanas después de la muerte de Eduardo el Viejo. Así, se evitó una guerra sangrienta.

Athelstan no corrió ningún riesgo en lo que respecta a su corona. Desterró a su hermano Edwin para evitar más controversias. (Algunos historiadores creen que huyó para evitar la ira de su hermano.) Edwin murió en un naufragio. Athelstan lamentó tener que obligar a su hermano a abandonar el reino. Sin embargo, hay que recordar que eran tiempos difíciles. Los vikingos del Danelaw seguían allí, al norte, y amenazaban la estabilidad de Wessex. Athelstan tenía la obligación, no solo consigo mismo, sino también con sus súbditos, de velar por un liderazgo estable del reino. Iba a cumplir con sus responsabilidades[i].

Todo o nada

Cerca de Harrogate se encontró un alijo de monedas del siglo X. Una moneda, en particular, llevaba una inscripción interesante: «Rex totius Britanniæ» («Rey de toda Britania»). Era de la época en que Athelstan era rey de Wessex, y describe mejor su objetivo final. Athelstan no quería ser solo el rey de los anglosajones. Athelstan deseaba gobernar toda Inglaterra, e iba a intentarlo.

Como cristiano devoto, Athelstan estaba probablemente cansado de la actitud de *laissez-faire* que los vikingos del Danelaw tenían hacia la conversión religiosa. En 926, entregó a una de sus hermanas a Sitric de Northumbria con la condición de que este se convirtiera al cristianismo. Sitric accedió, pero poco después del matrimonio volvió a adorar a los antiguos dioses nórdicos. Sitric murió al año siguiente y su primo, Gofraid de Ivar, intentó sucederle. Eso no era aceptable para Athelstan, así que expulsó al otro hombre[ii].

El rey anglosajón fue más allá. Athelstan capturó York. No se puede exagerar la importancia de esa conquista. Era la primera vez que un rey de Wessex se hacía con el control de un trozo de territorio septentrional. Recibió la sumisión del pueblo danés de York, lo que enfureció a otros habitantes de Northumbria, ya que no querían ser controlados por una potencia del sur.

---

[i] Ross, D. (2023, 26 de agosto). *King Æthelstan*. Extraído de Britainexpress.com: https://www.britainexpress.com/History/athelstan.htm

[ii] Erenow.net. (2023, 26 de agosto). *The Danelaw II*. Extraído de Erenow.net: https://erenow.net/postclassical/thevikingsahistory/12.php

Su indignación no importó. El 12 de julio de 927, en Eamont, el rey Constantino II de Alba (Escocia), el rey Hywel Dda de Deheubarth (Gales), Ealdred de Bamburgh y el rey Owain de Strathclyde (un reino escocés cercano al río Clyde) aceptaron a Athelstan como su señor. La idea de que un hombre fuera rey de Britania estaba cada vez más cerca de hacerse realidad.

Un mapa de Gran Bretaña e Irlanda en el siglo X[23]

Athelstan el Legislador

El tiempo de paz dio a Athelstan la oportunidad de dirigir su atención a otros asuntos. El rey estaba especialmente interesado en el derecho. Los anglosajones tenían una larga historia de uso de códigos legales, y los estatutos estaban escritos en lengua vernácula. Athelstan continuó donde lo había dejado Alfredo el Grande. Tenemos un gran número de textos legales que sobrevivieron de su reinado.

Los asuntos clericales eran esenciales para Athelstan. Se cree que su edicto sobre el diezmo es la ley más antigua que se conserva de su reinado. Athelstan introdujo códigos que enfatizaban la importancia de pagar los diezmos a la iglesia. Se preocupaba por los pobres, por lo que su código legal establecía la cantidad de dinero que debía entregarse a las personas en situación de pobreza.

Las amenazas al orden social, en particular el robo, llamaron su atención. El código de leyes que promulgó en Grateley ordenaba duras penas, que incluían la pena de muerte para una persona mayor de doce años que fuera sorprendida en el acto de robar bienes por valor de más de ocho peniques. Athelstan elevaría más tarde la edad mínima de la pena de muerte a quince años porque creía que no era correcto matar a personas tan jóvenes.

Algunos historiadores modernos consideran que la legislación de Athelstan era demasiado dura, pero hay que recordar que el rey trataba con una población ruda. Athelstan estaba comprometido con el mantenimiento de un código social de orden, y era estricto con los funcionarios, exigiendo su respeto a la ley y esperando que cumplieran sus obligaciones con diligencia.

Administración

Athelstan trabajó para instituir un gobierno centralizado. Las cartas producidas durante su reinado muestran su compromiso con el control real sobre las actividades importantes.

Athelstan recurrió a consejos formados por personas importantes para ejercer la autoridad real fuera de Wessex. Estas asambleas sirvieron para derribar los obstáculos a la unificación de Inglaterra. El historiador John Maddicott creía que estas reuniones fueron el comienzo de las asambleas formales que resultaron ser «el verdadero, aunque involuntario, fundador del parlamento inglés»[i].

---

[i] Maddicott, John (2010). The Origins of the English Parliament, 924-1327. Oxford, Reino Unido: Oxford University Press.

Relaciones con la Iglesia

Athelstan fundó iglesias y realizó generosas donaciones a monasterios. Mantuvo una estrecha relación con la jerarquía eclesiástica y nombró obispos. Los que seleccionaba solían estar cerca de él. Elfego y Beornstan, sacerdotes que decían misa para su casa, fueron nombrados obispos de Wells y Winchester, respectivamente.

A Athelstan le gustaba coleccionar reliquias y era conocido por poseer una extensa colección. Donó reliquias y manuscritos a monasterios y era un devoto del culto a san Cutberto.

Aprendizaje

Athelstan imitó a su abuelo en su compromiso con el aprendizaje y la erudición eclesiástica. Su reputación de promotor de la educación atrajo eruditos a su corte. La corte fue un centro erudito para el renacimiento del estilo hermenéutico de la escritura latina. Un escriba desconocido al que los historiadores han bautizado como «Athelstan A» se encargó de redactar los estatutos. Su estilo de escritura se considera el mejor de la tradición anglosajona.

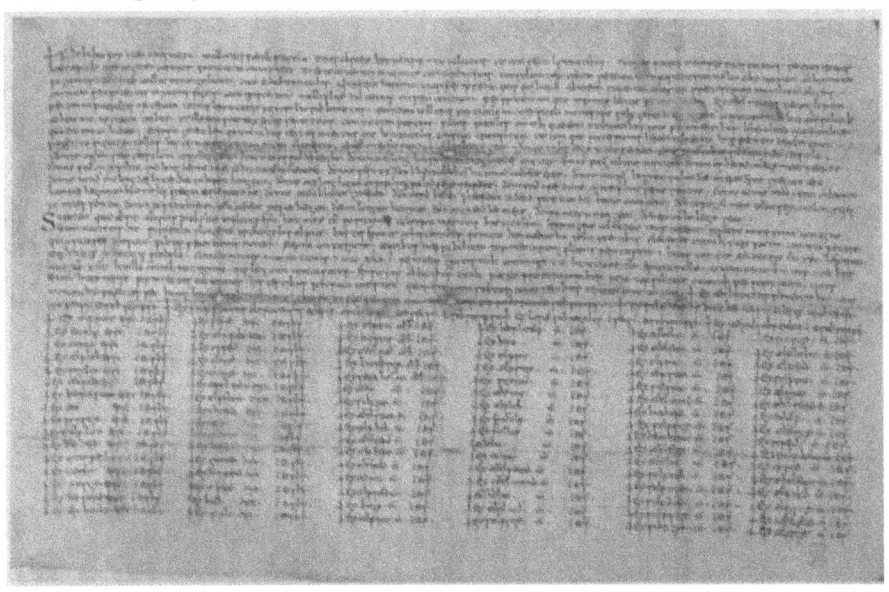

Un ejemplo de la escritura de «Athelstan A» [28]

Problemas en Escocia

Athelstan se había convertido en el gobernante más poderoso de Inglaterra desde la época romana, pero su autoridad estaba sujeta a desafíos. Escocia renunció a su lealtad en 933, y Athelstan tuvo que responder. Reunió un gran ejército en Winchester en 934 y se dirigió al norte, hacia Escocia. Era una fuerza militar que no se había visto antes. Athelstan tenía un ejército montado y una fuerza naval que subió por la costa inglesa y se adentró en aguas escocesas hasta Caithness[i].

Athelstan pudo restablecerse, pero los problemas seguían gestándose. Los escoceses no habían terminado de molestar al rey.

El rey Constantino de Escocia forjó una alianza con Olaf de Dublín, a quien Athelstan había expulsado antes de York, y el rey Owen de Strathclyde en 937. Olaf asaltó Mercia, provocando que Athelstan marchara hacia el norte con su hermano, Edmundo[ii].

La batalla de Brunanburh

La batalla de Brunanburh se considera la mayor batalla individual de la historia anglosajona antes de la batalla de Hastings. Se desconoce el lugar del enfrentamiento, pero se ha sugerido la península de Wirral como campo de batalla. Lo que sabemos de la contienda es que la alianza celta/nórdica estaba atrincherada en el campo, y el ejército de Athelstan montó una carga de caballería directamente contra ellos. Los *Anales del Ulster* ofrecen una descripción de lo sucedido:

> «Una gran guerra, lamentable y horrible, se libró cruelmente entre los sajones y los nórdicos. Murieron muchos miles de nórdicos, aunque el rey Anlaf [Olaf Guthfrithson] escapó con unos pocos hombres. Mientras que un gran número de sajones cayeron también en el otro bando, Athelstan, rey de los sajones, fue enriquecido por el gran vencedor»[iii].

La *Crónica anglosajona* también registró la batalla en un largo poema que incluye estas líneas:

> «Cinco reyes yacían en el campo de batalla, en la flor de la juventud, atravesados por las espadas. Así, siete de los condes de Anlaf; y de la tripulación del barco, las multitudes innumerables»[iv].

---

[i] Garner, T. (2018, 2 de enero). *Michael Wood on Æthelstan's "Great War" to Unite Anglo-Saxon England.* Extraído de Historyanswers.co.uk: https://www.historyanswers.co.uk/history-of-war/michael-wood-on-Æthelstans-great-war-to-unite-anglo-saxon-england/

[ii] Erenow.net. *El Danelaw II.*

[iii] English Monarchs. (2023, 23 de agosto). *The Battle of Brunanburh.* Extraído de Englishmonarchs.co.uk: https://www.englishmonarchs.co.uk/brunanburh.html

[iv] English Monarchs. *The Battle of Brunanburh.*

Las bajas fueron probablemente exageradas. El resultado solidificó las fronteras septentrionales de Inglaterra y mantuvo a los celtas en el oeste. La importancia de la batalla de Brunanburh es que estableció, sin lugar a dudas, un reino unificado de Inglaterra. Athelstan tenía el control total de Wessex y Mercia.

Athelstan murió en 939 y le sucedió su hermano Edmundo, que heredó el título de «rey de los ingleses». Athelstan solo gobernó durante menos de una década, pero sus logros fueron impresionantes. Muchos historiadores consideran a Athelstan el padre de la Inglaterra medieval y moderna. Hay quienes se oponen a ello, pero casi todos admiten que Athelstan se compara favorablemente con Alfredo el Grande.

La reputación de Athelstan llegó más allá de las fronteras de su reino. Gozaba de gran prestigio en Europa y estableció buenas conexiones en el continente. Athelstan completó la labor iniciada por su abuelo y su padre. Su legado como guerrero capaz, administrador y defensor del aprendizaje es bien merecido.

Sin embargo, la historia de la Inglaterra anglosajona y los vikingos no ha terminado. Las pequeñas incursiones eran cada vez menos frecuentes, pero eso no significaba que la isla estuviera a salvo. La Inglaterra anglosajona iba a enfrentarse a una importante amenaza procedente del noroeste. Los desarrollos políticos en Escandinavia acabarían conduciendo a un imperio que era casi del tamaño del que gobernaba Carlomagno.

Capítulo siete: Svend Forkbeard y Canuto el Grande

Hacia la catástrofe

Athelstan dejó un reino fuerte a su sucesor, Edmundo. La obra real de más de cincuenta años parecía casi concluida. Inglaterra era un país con una administración fuerte, un código legal algo justo (al menos para la época) y una economía que iba viento en popa. Todo parecía ir bien para la Inglaterra anglosajona. Sin embargo, había una regla que cumplir. Quien fuera rey podía serlo siempre que fuera capaz de proteger la corona. Y eso no siempre era una garantía.

Edmundo era un hombre joven cuando asumió el trono. El antiguo rey apenas estaba frío en su ataúd cuando Olaf de Dublín fue proclamado como rey de York. Sacó provecho de su nuevo título reclamando los Cinco Burgos que habían sido tomados inicialmente por Eduardo el Viejo. Olaf murió pocos años después y Edmundo pudo recuperar lo perdido.

Sin embargo, su éxito no garantizaba que todo fuera a desarrollarse con tranquilidad. El rey tuvo que sofocar una rebelión en Gales y también tuvo que hacer frente a una situación problemática en Escocia.

Aun así, Edmundo pudo mantener el señorío hasta que sobrevino el desastre. Edmundo murió en una reyerta y dejó hijos que eran demasiado jóvenes para gobernar. Su sucesor fue Edred, su hermano menor.

Edred tuvo que hacer frente a los problemas que surgieron en Northumbria. La situación era fluida, por no decir otra cosa. Los magnates de Northumbria aceptaron a Edred como rey, pero renegaron de esa promesa y juraron lealtad en su lugar a Erik Hacha Sangrienta. Edred respondió con una despiadada incursión en Northumbria. Aunque perdió una batalla en Castleford, Edred pudo coaccionar al pueblo de Northumbria para que renunciaran a Eric. Edred murió en 955 y le sucedió Edwy, el hijo mayor de Edmundo, que murió en 959.

Es importante señalar que los anglosajones tuvieron tres reyes en el lapso de veintidós años. Antes de eso, el pueblo tuvo tres reyes en 68 años. Los tres reyes posteriores estuvieron casi constantemente en guerra, intentando conservar sus posesiones y sofocando revueltas. Hubo muy poco tiempo para la estabilidad necesaria para alimentar una sociedad pacífica. El reino anglosajón que Athelstan legó a sus herederos se convirtió en un reino bastante inestable a los veinte años de su muerte.

Fin del Danelaw

Edred no vivió lo suficiente como para tener un impacto permanente en la historia anglosajona, pero durante su estancia en el trono se produjo un acontecimiento muy importante. Erik Hacha Sangrienta fue expulsado de York y el pueblo de Northumbria juró lealtad al rey anglosajón. El Danelaw ya no existía.

Difícilmente se podía culpar a los anglosajones si expresaban su beneplácito por este vecino del norte. El Danelaw era un puesto de avanzada vikingo en Inglaterra y una fuente potencial de problemas. Los tratados con los anglosajones se rompieron y nadie confiaba en los nórdicos de la frontera. El colapso final del Danelaw permitiría a los reyes anglosajones tener un mejor control sobre la tierra. Desde luego, habría menos problemas. O eso pensaban todos.

El reino se dividió en 957, con Edgar, hijo de Edmundo, gobernando Mercia y Edwy teniendo soberanía sobre Wessex. Edgar asumió la corona sobre toda Inglaterra cuando Edwy murió en 959.

El reinado de Edgar se diferenció de los anteriores porque no hubo incursiones vikingas mientras gobernó. Su reinado se consideró una época pacífica, sin amenazas externas ni problemas internos. Sin embargo, eso no iba a durar.

Su sucesor, Eduardo el Mártir, fue asesinado en 978. El hombre que tomó el relevo, Etelredo el Desprevenido, pasaría a la historia como un monarca que se enfrentó a retos extraordinarios que hacía años que no se veían en la Inglaterra anglosajona.

El reinado de Etelredo soportó las incursiones de los vikingos daneses. Estas incursiones comenzaron en la década de 980 y empeoraron gradualmente. Los ataques se produjeron a lo largo de toda la costa. Los más afectados por los asaltos fueron los condados de Cheshire, Thanet, Hampshire, Cornwell, Devon y Dorset. Los problemas de las incursiones se agravaron por culpa de los señores de Normandía, que permitieron a los merodeadores daneses refugiarse en su territorio. La intervención papal facilitó un tratado de paz en 991, pero eso no detuvo la violencia[i].

Batalla de Maldon

La batalla de Maldon sería conmemorada en un poema inglés antiguo titulado «La batalla de Maldon». Este conflicto fue un desastre para los anglosajones. Un ejército de vikingos noruegos se enfrentó a los sajones orientales dirigidos por el *caldorman* Byrhtnoth en el río Blackwater, en Essex, en 991. Los vikingos estaban dirigidos por Olaf Tryggvason, que más tarde se convertiría en rey de Noruega.

Los vikingos estaban estacionados en una isla llamada Northey. Había una calzada que conducía a la isla. La batalla comenzó cuando la marea alta cubrió la calzada. Cuando el agua retrocedió, los vikingos pidieron que se les dejara cruzar para luchar en tierra firme. Los anglosajones accedieron a la petición y fueron derrotados tras la muerte de su comandante. Dejaremos que el lector decida si los anglosajones actuaron con cortesía o insensatez al permitir que los vikingos cruzaran[ii].

El retorno de los pagos del *danegeld*

Los historiadores señalan que Etelredo fue a menudo víctima de increíblemente malos consejos. Tras la derrota en Maldon, se aconsejó al rey que pagara tributo a los vikingos con la esperanza de que se conformaran con el dinero y se marcharan. Se calcula que el importe del tributo ascendió a 10.000 libras.

Parece que nadie se molestó en consultar los libros de historia para determinar si los vikingos respetarían realmente esos acuerdos. Los vikingos no siguieron los términos del acuerdo y los ataques continuaron a lo largo de la costa. Londres fue asaltada por una gran flota vikinga en

---

[i] Brain, J. (2023, 27 de agosto). *King Æthelred The Unready*. Extraído de Historic-uk.com: https://www.historic-uk.com/HistoryUK/HistoryofEngland/Æthelred-The-Unready/

[ii] E. H. Seigfried, K. (2015, 6 de noviembre). *The Battle of Maldon*. Extraído de The Norse Mythology Blog: https://www.norsemyth.org/2015/11/the-battle-of-maldon.html

994. Esa flota fue un esfuerzo combinado dirigido por Olaf Tryggvason, el vencedor de Maldon, y el rey danés Svend Forkbeard.

Estados-nación escandinavos

La tierra de los vikingos cambió. Ya no era un lugar donde los clanes se enfrentaban en luchas sangrientas y las disputas se resolvían con juicios por combate. El norte se estaba «civilizando».

Svend Forkbeard procedía del estado-nación de Dinamarca. Era hijo del rey danés Harald «Diente Azul», a quien se atribuye la conversión de Dinamarca al cristianismo. Svend no era un cristiano devoto, pero lo aceptó por razones políticas, al tiempo que toleraba las antiguas creencias paganas.

Svend era un hombre ambicioso que forjó su propia suerte. Lideró una exitosa rebelión contra su padre; Harald murió durante la revuelta. Svend asaltó Londres con Olaf Tryggvason, pero se volvió contra su antiguo aliado unos años más tarde y ayudó a derrotar a Olaf en la batalla de Svolder en el año 1000. La victoria permitió a Svend obtener una parte de Noruega como gobernante directo y otras partes del país como señor feudal[1].

Limpieza étnica medieval

Las incursiones en Inglaterra continuaron. Hampshire, Sussex y Dorset fueron saqueados en 997. Etelredo consiguió otra tregua con los vikingos por un pago de 24.000 libras en 1001, pero sin duda se trataba de un acuerdo temporal. El rey era consciente de que los vikingos volverían.

Etelredo el Desprevenido necesitaba vigilar sus espaldas. Podía existir una quinta columna en los territorios de la antigua Danelaw, cuyos habitantes probablemente eran más leales a sus lazos de sangre que a la corona. El rey recibió información que sugería que los daneses estaban conspirando para matarlo a él y a sus consejeros. Entonces, Etelredo decidió golpear primero. El 13 de noviembre de 1002, el rey ordenó la masacre de todos los daneses que vivían en el reino.

No hay constancia de cuántas personas fueron asesinadas exactamente. Una historia registrada en una carta de 1004 cuenta que unas familias danesas de Oxford irrumpieron en una iglesia en busca de santuario y que la población local incendió la iglesia y quemó a los daneses que estaban dentro.

---

[1] English History. (2023, 27 de agosto). *Sweyn Forkbeard*. Extraído de Englishhistory.net: https://englishhistory.net/vikings/sweyn-forkbeard/

Etelredo justificó sus acciones alegando que el decreto había sido emitido por consejo de sus principales hombres. De ser así, fue un consejo que tuvo consecuencias aterradoras.

Gunnhild, la hermana de Svend Forkbeard, fue una de las víctimas en Oxford. Svend enardeció por la noticia y, en represalia, saqueó Exeter. Siguió acosando a Wessex y destruyendo Wilton[i].

Rey de Inglaterra

Las incursiones vikingas se intensificaron. Probablemente Svend ya no intentaba vengar la muerte de su hermana, sino que buscaba el control permanente de Inglaterra. Invadió Inglaterra en 1013 y finalmente obligó a Etelredo a huir para salvar la vida. Svend fue declarado rey de Inglaterra, pero murió pocas semanas después, el 3 de febrero de 1014.

Etelredo regresó del exilio y expulsó a los seguidores de Svend, pero entonces se vio obligado a hacer frente a una importante invasión vikinga. Asediado y con escaso apoyo militar, Etelredo murió el 23 de abril de 1016. Vivió para ver a Canuto, el hijo de Svend, llegar a Inglaterra con una fuerza masiva. Sin embargo, no vivió para ver lo que Canuto logró[ii].

La reputación histórica de Etelredo el Indeciso se ha rehabilitado ligeramente en los últimos años. En retrospectiva, parece que el rey fue víctima de unas circunstancias que no fueron fáciles de manejar, y que recibió algunos consejos muy pobres de sus consejeros. Su reinado fue el más largo de todos los reyes anglosajones, y hubo algunos logros.

Una ilustración de Etelredo el Indeciso [24]

---

[i] Cavendish, R. (2002, noviembre). *The St. Brice's Day Massacre.* Extraído de History Today: https://www.historytoday.com/archive/st-brice%E2%80%99s-day-massacre

[ii] Brain, J. *King Æthelred The Unready.*

Por desgracia, estos se ven a menudo ensombrecidos por sus constantes problemas con los vikingos daneses.

A Etelredo le sucedió su hijo Edmundo Ironside (también conocido como Edmundo II), que gobernó brevemente. A la muerte de Edmundo, el nuevo rey fue alguien considerado como uno de los monarcas más poderosos de la Edad Media.

Canuto (Cnut) el Grande

Canuto era hijo de Svend Forkbeard y nació alrededor del año 990, aunque se desconoce la fecha exacta. Se convertiría en uno de los gobernantes más importantes de la Edad Media, ya que fue rey de Inglaterra, Dinamarca y Noruega. Su reino unido sería conocido como el Imperio del mar del Norte.

Canuto fue el último rey vikingo destacado. La era de los incursores marítimos estaba llegando a su fin y pronto sería sustituida por estados-nación con políticas exteriores que no incluían otras zonas para obtener botines. Canuto era un cristiano que utilizó su religión para favorecer sus propios fines.

Acompañó a su padre en 1013, cuando Svend invadió Inglaterra por última vez. Los dominios de Svend fueron divididos a su muerte en 1014, y su otro hijo, Harald II, se convirtió en rey de Dinamarca. Olaf II fue coronado rey de Noruega.

Un dibujo del rey Canuto [35]

Canuto no fue nombrado automáticamente rey de Inglaterra; los ingleses optaron por restaurar a Etelredo en el trono. Eso no sentó bien a Canuto, que había contado con los juramentos de lealtad prestados por los nobles anglosajones. Su ejército era demasiado pequeño para luchar contra Etelredo, así que Canuto navegó de vuelta a Dinamarca. Sin embargo, antes de abandonar las aguas inglesas, Canuto masacró a los rehenes que habían sido entregados a su padre como prenda de lealtad. El joven dejaba claro a los anglosajones que estaba enfadado y que buscaría su venganza posteriormente.

Harald II no se sentía cómodo teniendo a Canuto en Dinamarca. Para apartar a su hermano menor, Harald se ofreció a apoyar una invasión de Inglaterra con la condición de que Canuto renunciara a cualquier pretensión al trono danés. Canuto sabía que Inglaterra era un premio mayor que Dinamarca, así que aceptó la oferta de Harald.

Una llegada salvaje

Canuto reunió un ejército de diez mil hombres y su fuerza de ataque desembarcó en Wessex, región que pudo someter sin grandes dificultades. Fue apoyado en su invasión por Eadric Streona, el *ealdorman* de Mercia, que desertó de Etelredo.

Canuto quería vengarse de quienes lo habían traicionado. Se dirigió al norte de Northumbria, la arrolló y ejecutó al *ealdorman*, Uhtred. La muerte de Uhtred fue su castigo por romper su juramento de lealtad a Svend.

Canuto continuó su guerra de conquista sitiando Londres en 1016. Pronto empezó a tratar con el sucesor de Etelredo, Edmundo Ironside. Tras ganar la batalla de Assandun en octubre de 1016, Canuto negoció con Edmundo.

El resultado fue una división de Inglaterra que dio Wessex a Edmundo y el resto de Inglaterra a Canuto. Edmundo murió en enero siguiente, lo que convirtió a Canuto en el gobernante de toda Inglaterra. Canuto celebró su sucesión ejecutando a los nobles que habían violado su juramento de fidelidad a su padre y confiscando las propiedades de otros malhechores. Esas tierras fueron repartidas entre sus soldados y otros seguidores leales. Canuto quiso matar a los hijos pequeños de Edmundo Ironside, pero estos pudieron huir y obtener asilo en Hungría[i].

El rey inglés

El reinado de terror de Canuto había terminado y se puso manos a la obra como monarca. Dividió Inglaterra en cuatro condados.: Northumbria, Mercia, Wessex y Anglia Oriental. Se casó con Emma, la

---

[i] Mingren, W. (2020, 21 de mayo). *Cnut the Great: The Myth, the Man, and the Multi-National Viking Monarch*. Extraído de Ancient Origins: https://www.ancient-origins.net/history-famous-people/cnut-great-0013741

viuda de Etelredo el Indeciso, en 1017, neutralizando así cualquier desafío a su realeza que pudiera provenir de los hijos supervivientes de Etelredo[i].

Canuto no quería más problemas en Inglaterra. Retiró la flota vikinga de treinta barcos en 1018 y decidió llegar a un acuerdo con el ejército que lo había seguido desde Dinamarca. El acuerdo fue sencillo: Canuto les pagó utilizando el sistema de impuestos que ya estaba en vigor. El nuevo rey también recaudó 82.500 libras para pagar al ejército y los envió de vuelta a Dinamarca. Canuto redujo su flota naval a cuarenta barcos para llevar la paz y la estabilidad al reino.

Canuto convocó un consejo de anglosajones y daneses. Se llegó a un acuerdo por el que todos debían vivir en paz y Canuto gobernaría basándose en las leyes y tradiciones vigentes antes de su llegada[ii].

Todas estas acciones demostraron que Canuto era algo más que un pirata merodeador. Utilizó el arte de gobernar en lugar del camino de la guerra para consolidar el control sobre su reino. Inglaterra fue un reino pacífico durante su reinado. Eso era importante porque Canuto tenía una nueva oportunidad que perseguir.

Harald II murió en 1018, y Canuto regresó a Dinamarca para reclamar el trono vacante. Dejó tras de sí una carta dirigida a la nación inglesa, en la que advertía a todos que se comportaran en términos inequívocos:

> «Si alguien, eclesiástico o laico, danés o inglés, es tan presuntuoso como para desafiar la ley de Dios y mi autoridad real o las leyes seculares, y no se enmienda y desiste según la dirección de mis obispos, ruego y también ordeno al conde Thurkil que, si puede, haga que el malhechor haga lo correcto. Y si no puede, entonces es mi voluntad que, con el poder de ambos, lo destruya en la tierra, o lo expulse de ella, sea de alto o bajo rango. Y es mi voluntad que toda la nación, eclesiástica y laica, observe firmemente las leyes de Edgar, que todos los hombres han elegido y jurado en Oxford»[iii].

---

[i] Parker, E. (2016, octubre). *Cnut: The Great Dane*. Extraído de History Extra: https://www.historyextra.com/period/anglo-saxon/king-cnut-danish-why-called-great-rule-england-success/

[ii] Abernethy, S. (2014, 24 de enero). *Cnut England's Danish King*. Extraído de The Freelance History Writer: https://thefreelancehistorywriter.com/2014/01/24/cnut-englands-danish-king/

[iii] Trow, M. J. (2005), *Cnut - Emperor of the North*, Stroud: Sutton.

Canuto hablaba con la autoridad de un hombre que esperaba ser obedecido por sus súbditos. Su comportamiento anterior daba una buena indicación de lo que haría si alguien intentaba llevarle la contraria.

Política interna

Canuto podía ser razonablemente hábil en política real. En lugar de rodearse de daneses, permitió que los anglosajones ocuparan cargos importantes, como los condados de Wessex y Mercia. Canuto no tardó en despedir a las personas que no estaban a la altura de sus expectativas. Thorkell el Alto, a quien Canuto puso inicialmente al frente de Anglia Oriental, fue proscrito en 1021.

Canuto reconocía la importancia de la Iglesia cristiana. Daba todas las apariencias externas de ser devoto, pero hay que recordar que era un gobernante pragmático. Sabía que la aprobación de la Iglesia le sería de gran ayuda. Mantuvo buenas relaciones con la jerarquía eclesiástica. Las donaciones reales a la iglesia, incluidas las exenciones fiscales y las concesiones de tierras, fueron generosas. Canuto hizo grandes donaciones de dinero a la iglesia y fue benefactor de monasterios. Sus acciones sugieren que fue capaz de atar a la iglesia cerca de él para no tener que preocuparse por los problemas procedentes de los obispos.

Viaje a Roma

Canuto viajó a Roma en 1027 para asistir a la coronación de Conrado II como emperador del Sacro Imperio Romano Germánico. Esto le permitió conocer a Conrado y demostrar a los demás que era un cristiano piadoso y un devoto seguidor de la Iglesia cristiana.

Según todos los indicios, Canuto causó una gran impresión. Tuvo la oportunidad de hacer algunos favores a sus súbditos durante su estancia en Roma. A los peregrinos ingleses se les redujo el impuesto de peaje y se los protegió en su camino a Roma.

Problemas en Escandinavia

Mientras las cosas estaban relativamente tranquilas en Inglaterra, había algunas dificultades en Escandinavia que Canuto necesitaba resolver. Abandonó Dinamarca y puso al frente a un cuidador, Ulf Jarl. En ese momento, Ulf Jarl fue nombrado conde de Dinamarca (Ulf era también cuñado de Canuto).

Los problemas con Suecia y Noruega hicieron que Canuto regresara a Escandinavia. Derrotó a suecos y noruegos en la batalla de Helgeå en 1025. Canuto también tenía un asunto familiar que resolver. Se cree que Ulf Jarl traicionó a Canuto. Aunque Ulf acabó volviendo para apoyar a

Canuto, el rey no perdonó del todo la traición. Finalmente ordenó el asesinato de Ulf. Este fue asesinado en una iglesia.

Canuto avanzó contra Noruega. Olaf II había ocupado el trono en 1016 y Canuto quería recuperarlo. En 1028, Canuto consiguió expulsar a Olaf II de su trono. El intento de Olaf de recuperar su trono fracasó. Canuto era ahora el rey de Noruega, Inglaterra y Dinamarca.

Dueño de todo lo que inspeccionaba

Canuto tenía autoridad sobre Inglaterra, Dinamarca, Noruega, partes de Suecia y algunas zonas de Escocia e Irlanda. Era un mecenas de la poesía nórdica antigua, y su esposa Emma era una mecenas de la literatura. Su corte era multinacional y tenía fama de ser un monarca sabio y hábil.

Canuto fue también objeto de una leyenda popular que se recogió años más tarde en la Historia Anglorum (*Historia de los ingleses*). Canuto tuvo que escuchar muchos halagos de la corte y quiso demostrar lo vanas que eran sus palabras. Lo hizo de una forma única.

Cansado de que le dijeran lo grande y poderoso que era, Canuto ordenó que colocaran una silla en la orilla del mar mientras subía la marea. Se sentó en la silla, pronunció que era el señor del mar y ordenó a las olas que dejaran de rodar sobre su tierra. Naturalmente, las olas desobedecieron y siguieron entrando, empapando las piernas del rey. Canuto saltó hacia atrás y declaró que el poder de los reyes terrenales era vacío y que solo Dios podía mandar sobre las olas. Existen varias versiones de esta historia, pero el relato demuestra que Canuto era lo suficientemente inteligente como para conocer sus limitaciones y recordó a sus cortesanos que sus bonitas palabras no lo conmovían fácilmente.

Canuto murió el 12 de noviembre de 1035, en Shaftesbury. Su imperio se desmoronó rápidamente. Harold I (Harold Harefoot) le sucedió en Inglaterra. Harthacnut subió al trono en 1040, y en 1042, Eduardo el Confesor fue coronado rey.

La coronación de Canuto mostró la integración definitiva de daneses y anglosajones en Inglaterra. La nación ya no estaba dividida entre un grupo y otro, sino que era un país unificado. Tenía una tradición jurídica, cultural y literaria que hizo que Inglaterra se distinguiera del resto de Europa.

Aún queda un capítulo por escribir sobre los vikingos y los anglosajones. Esta vez, los descendientes de los incursores marinos originales ocuparon el centro del escenario.

Capítulo ocho: Stamford Bridge y Hastings

La Inglaterra anglosajona tenía la peculiar costumbre de canonizar a monarcas apenas competentes. Edmundo el Mártir, Eduardo el Mártir y Eduardo el Confesor eran conocidos por llevar vidas muy piadosas, pero tener poca idea de cómo gestionar la política real. Eran santos en una época en la que la Inglaterra anglosajona necesitaba pecadores pragmáticos. El pueblo llano sufriría por la falta de un liderazgo estable.

Eduardo el Confesor era hijo de Etelredo el indeciso. Nació en una época en la que los daneses se estaban imponiendo en Inglaterra y Etelredo apenas podía mantenerse en el poder. Eduardo se vio obligado a huir con su madre, Emma, a Normandía después de que Svend Forkbeard ocupara el trono. Eduardo pasó la mayor parte de su infancia viviendo en el exilio en Normandía. Contaba con el apoyo de muchas personas que consideraban que Eduardo tenía un derecho legítimo al trono. Uno de sus partidarios fue Roberto I, duque de Normandía, que llegó a intentar una invasión para poner a Eduardo en el trono[i].

Política familiar sangrienta

Cuando Svend murió, Etelredo fue invitado a volver a gobernar. Eduardo lo acompañó. Etelredo murió en 1016, y su hijo, Edmundo Ironside, tomó el poder. Murió ese mismo año y Canuto tomó el poder.

---

[i] Brain, J. (2023, 29 de agosto). *Edward the Confessor*. Extraído de Historic-uk.com: https://www.historic-uk.com/HistoryUK/HistoryofEngland/Edward-The-Confessor/

Eduardo se exilió con sus hermanos, pero las cosas pronto se volvieron extrañas.

Canuto convenció a Emma, la viuda de Etelredo, para que se casara con él. Del matrimonio nació Harthacnut, que se convirtió en rey de Dinamarca a la muerte de Canuto. Harold Harefoot, hermanastro de Harthacnut, se convirtió en rey de Inglaterra (Canuto había matado al último hermanastro mayor superviviente de Eduardo, Edwy). Harthacnut reunió una flota para invadir Inglaterra en 1039. Emma apoyó a Harthacnut para el trono frente a Eduardo, a pesar de que este era hijo suyo con Etelredo el indeciso. Sin embargo, Harthacnut murió antes de que pudiera comenzar la invasión. Harthacnut sucedió a Harold Harefoot como rey de Inglaterra en 1040.

Este carrusel de sucesiones es suficiente para marear a una persona. Lo importante es que Harthacnut era hijo de Canuto, mientras que Eduardo era hijo del último rey anglosajón de Wessex. Harthacnut invitó a Eduardo a regresar a Inglaterra en 1041, y Eduardo fue visto como el eventual sucesor. Harthacnut murió el 8 de junio de 1042.

El pueblo inglés favoreció a Eduardo para que se convirtiera en el siguiente monarca. En palabras de la *Crónica Anglosajona*, «Antes de que él [Harthacnut] fuera enterrado, todo el pueblo eligió a Eduardo como rey en Londres»[1]. Eduardo se vengó de su madre por su falta de apoyo al año siguiente. La despojó formalmente de sus bienes, y ella se desvaneció de la historia, muriendo finalmente en 1052.

Las controversias que comenzaron con la muerte de Canuto y terminaron con la coronación de Eduardo ponen de manifiesto la discordia y la confusión que rodeaban a la corona inglesa en aquellos años. Los hermanastros ocupaban el trono y mataban a otros hermanastros para conservarlo. Aparentemente, no había lealtad dentro de la familia real, y un pariente trataba al otro como un grave enemigo. Un ejemplo es lo que le ocurrió a Alfredo, hermano de Eduardo. Fue brutalmente asesinado por Harold Harefoot a pesar de ser hermanastro del rey.

Godwin de Wessex

El poder detrás del trono durante casi la mitad del reinado de Eduardo el Confesor fue Godwin de Wessex. Desempeñó un papel principal en la maquiavélica política de la Inglaterra del siglo XI. Canuto nombró a

---

[1] Giles, J.A. (1914). *La crónica anglosajona*. Londres: G. Bell and Sonson. pág. 114.

Godwin conde de Wessex en 1018. Godwin fue responsable de la muerte del hermano de Eduardo, Alfredo, porque entregó a este a Harold Harefoot.

Lo que mantuvo vivo a Godwin fue el inmenso poder que poseía. Wessex era un condado dominante, y Godwin era un hombre rico. La verdadera lealtad del conde era hacia sí mismo, y aunque inicialmente fue partidario de Harthacnut, hábilmente cambió de bando para aliarse con Eduardo el Confesor. Esa relación se afianzó en 1045, cuando la hija de Godwin, Edith, se casó con el rey Eduardo[i].

Eduardo se quejaba del dominio de Godwin, y las tensiones llegaron a un punto crítico en 1051. Eduardo nombró arzobispo de Canterbury a un normando llamado Robert de Jumièges. Un enfrentamiento en Dover llevó a Eduardo a ordenar a Godwin, que también era conde de Kent, que castigara a la ciudad, pero Godwin se negó. Los dos hijos de Godwin, Svend y Harold, levantaron un ejército de sus vasallos y amenazaron Gloucester, donde Eduardo celebraba su corte. Los aliados de Eduardo levantaron otro ejército para contrarrestar esa fuerza. Se evitó una crisis cuando se acordó que la reunión del consejo real, el *Witan*, se convocaría más tarde en Londres.

Eduardo decidió presionar su ventaja y convocó a todas las milicias de Inglaterra. Los propios hombres de Godwin se vieron obligados a formar parte de esa leva, y sus hijos huyeron a Flandes e Irlanda. Eduardo fue más lejos en la ruptura de relaciones con la familia Godwin al enviar a Edith a un convento.

Godwin regresó en 1052 con un ejército. Eduardo se vio obligado a restituir a Godwin y a sus hijos en sus propiedades, y Edith fue restaurada como reina. Todo parecía ir bien para Godwin cuando ocurrió algo inesperado.

En un banquete real en Winchester, Godwin negó haber tenido algo que ver con la muerte de Alfredo, ocurrida años antes. La *Crónica anglosajona* relata la historia:

> «El Lunes de Pascua, mientras estaba sentado con el rey en una comida, se hundió de repente hacia el escabel, privado del habla y de todas sus fuerzas. Entonces lo llevaron a la

---

[i] Zimmerman, M. (2023, 29 de agosto). *Earl Godwin, The Lesser Known Kingmaker*. Extraído de Historic-uk.com: https://www.historic-uk.com/HistoryUK/HistoryofEngland/Earl-Godwin/

habitación privada del rey y pensaron que estaba a punto de pasar a mejor vida. Pero no fue así. Al contrario, continuó así, sin habla ni fuerzas hasta el jueves y luego partió de esta vida»[i].

Godwin había muerto. Su familia seguía siendo una fuerza poderosa en Inglaterra, pero no tenía control sobre Eduardo el Confesor. Sin embargo, el sucesor de Godwin como conde de Wessex, Harold Godwinson, era un señor influyente, y sus hermanos ocupaban puestos de autoridad en Inglaterra en el momento de la muerte de Eduardo el Confesor.

La conexión normanda

Algunos de los problemas que Eduardo el Confesor tuvo con el conde de Wessex procedían de la creciente influencia de los normandos en la corte de Eduardo. Eduardo vivió bajo la protección de los duques de Normandía durante años, y el rey inglés no había olvidado esta amabilidad. Roberto de Jumièges, que era normando, fue consejero del rey antes de ser nombrado arzobispo de Canterbury. Eduardo nombró a normandos alguaciles en Inglaterra.

No tenemos una idea clara de cuánta influencia tenían exactamente los normandos en la corte de Eduardo. Sin embargo, no cabe duda de que la presencia de normandos era suficiente para que Godwin y sus hijos se mostraran recelosos. La preocupación estaba bien fundada porque los normandos pronto desempeñarían un papel importante en la sucesión real.

Los últimos años

El reinado de Eduardo tras la muerte de Godwin incluyó vigorosas campañas contra los escoceses y los galeses. Sin embargo, pareció retirarse de la política activa para dedicarse a la caza. Su reputación como hombre religiosamente devoto incluye la finalización de la abadía de Westminster, una joya de su corona.

Aunque Eduardo tenía profundas convicciones religiosas, seguía siendo un rey y tenía que proteger su trono. Por eso, incurrió en acciones duras, como ordenar el asesinato de un príncipe galés. Los muchos años de exilio de Eduardo lo privaron de la capacidad de crear una base de poder, por lo que estaba en desacuerdo con los condes de su reino.

Un problema importante fue su sucesión. Eduardo no tenía hijos y no dio ninguna indicación clara de quién sería su sucesor, lo que constituyó

---

[i] Douglas, David C. (1990) William the Conqueror: The Norman Impact Upon England London: Pág. 412.

un error considerable. En opinión del historiador Stephen David Baxter, la «gestión de Eduardo de la cuestión sucesoria fue peligrosamente indecisa, y siguió siendo una de las mayores catástrofes a las que han sucumbido los ingleses»[i].

El 5 de enero de 1066, fue el principio del fin de la Inglaterra anglosajona. Eduardo el Confesor murió ese día y puso en marcha los acontecimientos que terminarían con una batalla decisiva librada en la costa sur inglesa. Al día siguiente, el 6 de enero, el *witan* proclamó a Harold Godwinson nuevo rey de Inglaterra. Era cuñado del difunto rey. Era un conde muy competente y poderoso, lo que bastó para que el *witan* lo nombrara rey.

El reclamante vikingo

Hubo un pretendiente al trono en Escandinavia. El noruego Harald Haardrade es celebrado como el último gran vikingo. Era el hermano menor del rey Olaf II de Noruega y fue un guerrero comprometido.

Luchó con su hermano en la batalla de Stiklestad en 1030 contra Canuto. Olaf murió en el combate y Harald escapó a duras penas. Después se convirtió en mercenario profesional y sirvió con distinción en el Imperio bizantino y para la Rus de Kiev.

Harald Haardrade regresó a Noruega en 1046 y arrebató el trono a su ocupante, Magnus I. Harald pasaría años luchando por mantener el control de Dinamarca, pero fracasó en su empeño. Harald empezó a fijarse en Inglaterra como una posible conquista[ii].

Harald era un pariente lejano de Canuto, pero no tenía lazos de sangre directos con la corona inglesa. Tendría que apoderarse de Inglaterra por conquista. Una disputa interna mejoró sus posibilidades de hacerlo.

Tostig Godwinson era el hermano del nuevo rey de Inglaterra, Harold Godwinson. Una vez conde de Northumbria, Tostig fue derrocado como conde por rebeldes que recibieron el apoyo de Harold (Harold estaba convencido de que Tostig no podría conservar Northumbria). Tostig se

---

[i] Baxter, Stephen (2009). "Edward the Confessor and the Succession Question". En Mortimer, Richard (ed.). Edward the Confessor: The Man and the Legend. Woodbridge: Boydell Press.

[ii] Dr. Jessica Nelson, P. (2016, 5 de enero). *The death of Edward the Confessor and the conflicting claims to the English Crown*. Extraído de History.blog.gov.uk:
https://history.blog.gov.uk/2016/01/05/the-death-of-edward-the-confessor-and-the-conflicting-claims-to-the-english-crown/

acercó a Harald con la propuesta de que ocupara el trono de Inglaterra y restaurara a Tostig en su condado. Harald aceptó la idea y comenzó a reunir una flota en la primavera de 1066. Zarpó de Noruega tras nombrar a su hijo, Magnus, su sucesor.

El rey noruego desembarcó en Inglaterra el 18 de septiembre de 1066, con aproximadamente quince mil soldados. Se reunió con Tostig y ambos emprendieron la marcha hacia el sur. Todo parecía estar a su favor porque, en ese momento, Harold Godwinson estaba anticipando una invasión desde Normandía y se encontraba en la costa sur.

Harald devastó Scarborough, se apoderó de York y obtuvo una victoria en Fulford. Harald cometió el error de esperar a que York le presentara rehenes. Confiaba en que Harald no pudiera responder eficazmente. Harald Haardrade se equivocó[i].

Puente de Stamford

Sorprendentemente, Harold dirigió una marcha forzada desde el sur de Inglaterra para enfrentarse a la fuerza invasora en solo cuatro días. El 25 de septiembre de 1066, Harold sorprendió a Tostig y Harald en Stamford Bridge. Los vikingos habían dejado la mayor parte de su armadura en sus barcos. El ejército de Harold embistió cuesta abajo contra el enemigo y acabó rompiendo el muro de escudos vikingo.

El resultado fue una masacre. Miles de vikingos murieron mientras se apoderaba de ellos la confusión. Tanto Harald como Tostig murieron en la lucha. De la flota original de trescientos barcos, solo se necesitaron veinticuatro naves para llevar a los vikingos supervivientes de vuelta a Noruega. La victoria del rey Harold fue absoluta[ii].

Stamford Bridge fue la última batalla librada por los vikingos en suelo inglés. Marcó el final del interés vikingo por Inglaterra como lugar de saqueo o conquista. Inglaterra ya no formaba parte de la política escandinava y su orientación se centraría cada vez más en la Europa continental. Aunque la batalla quedaría eclipsada por la contienda que tuvo lugar unas semanas más tarde, la batalla de Stamford Bridge marca un punto de inflexión en la historia inglesa.

---

[i] Neill, C. (2023, 17 de abril). *Who Was Harald Hardrada? The Norwegian Claimant to the English Throne in 1066*. Extraído de Historyhit.com: https://www.historyhit.com/1066-harald-hardraada-lands-england/.

[ii] Castelow, E. (2023, 29 de agosto). *The Battle of Stamford Bridge*. Extraído de Historic-uk.com: https://www.historic-uk.com/HistoryMagazine/DestinationsUK/The-Battle-of-Stamford-Bridge/

Hastings

El protagonista del drama de 1066 fue Guillermo de Normandía, también conocido en esta época como Guillermo el Bastardo. Se afirma que Eduardo el Confesor eligió a Guillermo para ser su sucesor, aunque no hay pruebas fehacientes de que esto sucediera. Sin embargo, Guillermo sí tenía una conexión con el trono inglés. Era nieto del tío materno de Eduardo, Ricardo II de Normandía.

El tapiz de Bayeux narra la historia de la batalla de Hastings. Guillermo de Normandía creía que era el heredero legítimo del trono inglés porque en 1051, o eso afirmaba Guillermo, Eduardo el Confesor se lo había prometido.

El tapiz de Bayeux también cuenta otra historia. Harold naufragó en la costa normanda en 1064 y poco después se convirtió en huésped de Guillermo de Normandía. Según el relato del tapiz de Bayeux, Harold prestó juramento de fidelidad a Guillermo y prometió apoyar la pretensión de este al trono.

El lado normando de los acontecimientos afirma la traición de Harold, que ignoró su compromiso jurado, dando a Guillermo el derecho a luchar por lo que era suyo. Guillermo zarpó hacia Inglaterra el 27 de septiembre y desembarcó en Pevensey.

Harold realizó una asombrosa exhibición de arte de guerra y liderazgo. A pesar de haber hecho marchar a sus hombres a través de Inglaterra en cuestión de días y de haber derrotado a un enemigo importante, Harold dio media vuelta y marchó con su ejército hacia el sur.

Lo que hace que esta marcha sea excepcional son las condiciones en las que los anglosajones se desplazaron hacia el sur. Las condiciones del camino eran más duras que las de las peores carreteras por las que viajamos hoy en día. Es un testimonio de la profesionalidad del ejército de Harold que sus tropas llegaran a Londres el 6 de octubre, solo once días después de la victoria en Stamford Bridge, y se pusieran en marcha unos días más tarde, rumbo a Hastings.

La batalla tuvo lugar el 14 de octubre, 1066. A pesar de varias embestidas de caballería, Guillermo no pudo romper el muro de escudos anglosajón ni avanzar. Finalmente, los normandos se retiraron. Los anglosajones, entusiasmados, se lanzaron a la persecución, pero los normandos solo habían estado fingiendo una retirada. La batalla se volvió aún más sangrienta, y Harold murió a causa de una flecha que lo alcanzó en el ojo. Esto provocó la desintegración de las fuerzas anglosajonas.

Guillermo, duque de Normandía, pasó a ser conocido como Guillermo el Conquistador. Se convirtió en rey de Inglaterra el día de Navidad de 1066[i].

Teorías interesantes

El compromiso cambió permanentemente la trayectoria de la historia de Inglaterra, pero no fue una decisión tomada de improviso. Los acontecimientos que se sucedieron durante décadas condujeron a la elección final de Guillermo de Normandía a favor de la invasión como única opción viable. En esta sección, veremos lo que ocurrió con respecto a la sucesión y algunas cosas que los historiadores tienen en cuenta al analizar lo sucedido.

- Las maniobras de Eduardo el Confesor

Hay historiadores que sostienen que Eduardo el Confesor no era el incompetente simplón de muchas representaciones. Fue un hombre que experimentó los altibajos de la política real a principios del siglo XI. Es posible que Eduardo maniobrara para proteger los intereses de su reino mientras aún vivía y evitar invasiones masivas. Es posible que Eduardo estuviera enfrentando a un bando contra otro.

Podía hacer promesas a ciegas, sabiendo que no estaría cerca para ver el resultado. La sucesión anglosajona era diferente a la del resto de Europa, y Eduardo lo sabía de primera mano. La primogenitura no siempre fue la forma en que se confería la corona inglesa. Alfredo el Grande es un ejemplo clásico. Los anglosajones estaban dispuestos a pasar por alto a los hijos del rey y permitir que se sentara en el trono el hombre más capaz. Técnicamente, eso significaba que, aunque Eduardo el Confesor hiciera una promesa al duque Guillermo de Normandía, el rey sabía que el *witan* podía anular su elección tras su muerte.

Eduardo podía hacer promesas y garantías a ambas partes. Al hacerlo, los paralizaba de hecho. Tanto Harold como Guillermo podían sentarse y creer que serían los reyes a la muerte de Eduardo. Todo lo que hacía falta era que el viejo rey falleciera. Si Eduardo hizo promesas, sabiendo muy bien que el *witan* podía anular la promesa, podría haberlo hecho para garantizar que su reino no se viera perturbado por una sola parte que intentara apoderarse del trono[ii].

---

[i] Augustyn, A. (2023, 23 de agosto). *Harold II.* Extraído de Britannica.com: https://www.britannica.com/biography/Harold-II

[ii] Dr. Jessica Nelson, P. *The death of Edward the Confessor and the conflicting claims to*

- Harold podría haber ganado fácilmente en Hastings en condiciones normales

Siempre se debatirá si Heraldo hizo una promesa a Guillermo de Normandía respecto a la sucesión. Lo que más importa es que Harold Godwinson fue coronado rey de Inglaterra y Guillermo de Normandía cruzó las aguas para disputársela. ¿Quién habría ganado? Un encuentro en Hastings. ¿En condiciones normales? Nosotros decimos que habría sido Harold, sin lugar a dudas. He aquí por qué.

Cualquiera que haya leído la historia del Teatro del Pacífico de la Segunda Guerra Mundial puede apreciar que los desembarcos anfibios son muy difíciles, especialmente cuando son disputados. Los marines estadounidenses lo comprobaron en Tarawa y Saipán, entre otros asaltos. Guillermo habría tenido dificultades para triunfar si su flota hubiera sido recibida en la playa por el ejército de Harold que aguardaba su llegada. Que los anglosajones leales a Harold pudieran marchar más de cien millas hasta Stamford Bridge en tres días indica claramente lo duros que eran esos hombres (repitieron esa marcha forzada al volver de Stamford Bridge a Hastings).

Harald Haardrade era uno de los mejores líderes militares del siglo XI, y dirigía una fuerza de veteranos curtidos. Harold fue capaz de sorprenderlo y derrotarlo. Es probable que la moral del ejército de Harold fuera muy alta tras derrotar a Haardrade. La fuerza invasora de Williams era aproximadamente del mismo tamaño que el ejército de Haardrade, por lo que los hombres de Harold sabían que podían enfrentarse a los normandos sin preocuparse demasiado.

El baluarte del apoyo de Harold era Wessex. Y allí desembarcó Guillermo. Los habitantes de Wessex se habrían unido en torno a Harold y habrían opuesto una tenaz resistencia. Es esencial recordar que Inglaterra había soportado la invasión de Svend Forkbeard y otras fuerzas marítimas dentro de la memoria viva. Sabían por experiencia propia o por las historias que les habían transmitido sus abuelos y padres, qué esperar y cómo defenderse.

Guillermo desembarcó en la playa de Pevensey y luchó contra Harold en Hastings. Los normandos seguían en desventaja durante los combates. El muro de escudos anglosajón era un asesino de caballeros. Guillermo podía pasarse el día entero enviando a sus tropas montadas contra ese

---

the English Crown.

muro y, si no se rompía, lo único que ganaría serían los cadáveres de sus propios hombres. Harold podría esperar todo el día y, al anochecer, ordenar una retirada ordenada. Guillermo podría entonces adentrarse en el campo hacia un campo de batalla elegido por Harold mientras era acosado por los partisanos de Wessex durante todo el camino. Harold podría tender fácilmente una emboscada y destruir el ejército de Guillermo.

- William necesitaba desesperadamente una distracción exitosa.

Guillermo era hijo ilegítimo y tuvo que luchar mucho para conservar su ducado. Normandía fue escenario de constantes luchas y Guillermo merece el mérito de haber mantenido a raya a sus enemigos.

Inglaterra era un país rico con tierras muy fértiles. Guillermo podría atraer a hombres combatientes para que se unieran a él en una campaña de conquista. Una vez que hubiera ganado, Guillermo podría repartir la tierra entre sus soldados vencedores. Eso atraería a los hombres para que se fueran con él y no se quedaran en Normandía para amenazar sus posesiones. Guillermo necesitaba agotar la mano de obra disponible en Normandía, y una invasión de Inglaterra le daba esa oportunidad.

Todo esto son especulaciones porque los hechos anulan lo que podrían haber sido hipótesis. Lo que sugerimos es que Eduardo el Confesor tenía razones para prometer la luna a todo el mundo, Harold tenía una excelente oportunidad de ganar en Hastings y Guillermo necesitaba una invasión para asegurar sus posesiones existentes.

Los días que siguieron

En el siglo XII surgieron historias de que Harold no murió en Hastings. Se afirmaba que se recuperó de sus heridas al cabo de dos años y luego se fue en peregrinación. Harold regresó como un hombre mayor y vivió como ermitaño hasta que reveló su verdadera identidad antes de morir. Es un relato interesante, pero es materia de leyendas.

Después de que Guillermo fuera ungido rey de Inglaterra, introdujo las costumbres normandas en Inglaterra. El francés se convirtió en la lengua de la nobleza y la política exterior inglesa se vinculó más a los acontecimientos del continente.

Los vikingos habían sido una parte importante de la historia inglesa durante más de trescientos años. Su influencia política murió en Stamford Bridge. Aun así, los invasores escandinavos dejaron un legado que sigue presente en la actualidad. Pero después de la batalla de Hastings, fueron los normandos quienes desempeñaron un papel relevante en el moldeamiento de Inglaterra. La lengua y las costumbres anglosajonas perdieron importancia con el paso de los años, ya que el normando se convirtió en la lengua de la corte. Entonces, todo cambió cuando un poeta real llamado Geoffrey Chaucer afiló su pluma y comenzó a redactar una historia en inglés medio sobre un grupo de peregrinos que se dirigían a Canterbury. Él ayudó a legitimar el uso del inglés medio en la literatura.

Capítulo nueve: La vida de un vikingo en Inglaterra

Los vikingos eran algo más que ladrones que vagaban por las costas. Muchos vikingos eran agricultores en Escandinavia. Cuando no estaban remando en alta mar, cultivaban cosechas para alimentar a sus familias. El aumento de la población de Escandinavia hizo que muchos buscaran otros lugares para ganarse la vida y buscar fortuna. Islandia era un destino, pero uno mayor era Inglaterra.

Cuando los escandinavos emigraron a Inglaterra, se establecieron y crearon una vida en su nuevo hogar. Queremos describir cómo podría haber sido la vida de los vikingos que se asentaron en Inglaterra. Veremos las actividades del día a través de los ojos de una pareja de vikingos llamados Olaf y Emma.

El canto del gallo

Era el comienzo de un nuevo día. Era el comienzo de la primavera en lo que hoy es Yorkshire, Inglaterra. El sol acababa de salir y los animales de la granja se agitaban en busca de su desayuno. Olaf y Emma se levantaron y recorrieron su pequeña granja.

Olaf tenía poco más de treinta años. Hubo un tiempo en el que fue miembro de la tripulación de un barco vikingo que atacaba la costa inglesa. Aquellos días habían terminado. Olaf se hizo cristiano, en parte por convicción religiosa y en parte porque quería hacer negocios con mercaderes y comerciantes cristianos. Ahorró lo suficiente del dinero que había recibido por la venta de su botín para comprar una pequeña granja, donde se ganó la vida para él y su familia.

Emma tenía unos veinte años. Ella y Olaf tenían dos hijos. Aunque la vida era bastante dura en la granja, a ella no le importaba. Había crecido en Noruega y estaba acostumbrada a trabajar duro para ganarse la vida.

Olaf y Emma tenían un pequeño rebaño de ovejas, dos vacas y algunas gallinas. Olaf también tenía algunas tierras en las que cultivaba cebada y centeno, y pastos en los que podían cosechar heno y guisantes.

La Inglaterra anglosajona era un estado rural, por lo que la mayoría de la población se dedicaba a la agricultura. Los vikingos que se retiraban de sus aventuras marítimas probablemente labraban sus tierras, que podrían haber recibido por sus servicios a sus señores. La granja tendría ganado si el granjero podía permitirse vacas o cerdos. El invierno habría sido una época lenta, pero el resto del año se dedicaría a cultivar la tierra. Olaf habría aprovechado los meses de invierno para tallar madera y Emma habría tejido telas de lana.

La conversión al cristianismo no siempre se debió a convicciones religiosas. Los vikingos asentados podían ver las ventajas de convertirse al cristianismo. Les daría la oportunidad de mezclarse con otras personas en Inglaterra y hacer negocios. Algunas de las conversiones fueron sinceras, mientras que otras no. Hubo situaciones en las que un vikingo se convertía al cristianismo y seguía adorando a Odín.

Antes de que la tierra estuviera lista para arar, Olaf y Emma decidieron hacer el viaje a York (o Jórvík, como llamaban los vikingos a la ciudad) y vender algunas de las tallas de madera y telas que habían producido en los oscuros días de diciembre y enero. Olaf se acercó a uno de sus vecinos, que tenía una gran granja, y le preguntó si podía pedirle prestado el caballo y la carreta del hombre. El vecino accedió, a condición de que Olaf hiciera de *sokeman* (hombre libre, que disfruta de amplios derechos, especialmente sobre su tierra) y le ayudara con su cosecha el otoño siguiente. Olaf aceptó.

Mientras él llevaba a cabo este negocio, Emma pidió a una de sus hermanas que vivía cerca que cuidara a los niños y atendiera al ganado a cambio de parte del dinero que ganaría en Jórvík. Cuando Olaf regresó a casa, cargó la mercancía en la carreta. Tras dejar a los niños con la hermana de Emma, ambos se dirigieron hacia el oeste por un camino de tierra hasta York.

El día era bastante cálido y corría una agradable brisa. Olaf y Emma aprovecharon para admirar las vistas. El territorio había sido antaño un lugar de violentas luchas, pero todo estaba en paz y así había sido durante varios años. Su ruta hacia York pasaba cerca de la orilla del río Ouse. Mientras la carreta crujía y retumbaba por el camino, Emma saludó a los barcos largos que navegaban por el río en dirección a York. Estos barcos iban cargados de mercancías que se venderían en el mercado.

Harald Haardrade utilizaba el río Ouse para navegar hasta ocho millas de York. La capacidad de los barcos largos vikingos para adentrarse en el campo tenía una ventaja significativa en tiempos de paz. Significaba que una ciudad como York podía beneficiarse del comercio marítimo[i].

Olaf y Emma pasaron las siguientes horas charlando y discutiendo qué hacer con la granja. Finalmente, justo cuando el sol empezaba a ponerse, vislumbraron las murallas de York. La ciudad estaba a solo unos kilómetros.

York tenía todo lo que una persona necesitaba para hacerse rica y tener éxito. Era un mercado importante en el norte de Inglaterra, así como un centro manufacturero. York fue originalmente una ciudad de guarnición romana. En el siglo XI se había convertido en un centro de comercio internacional, como demuestran las excavaciones arqueológicas de monedas de Samarcanda y conchas marinas del golfo Pérsico.

¿Qué tamaño tenía esta ciudad? Byrhtferth de Ramsey, escribiendo en el año 1000, estima que la población de York rondaba los treinta mil habitantes. Se trata, sin duda, de una exageración. El *Libro de Domesday* sugiere una población más cercana a los diez mil habitantes. Aun así, se trata de un número considerable, que convierte a York en la segunda ciudad más grande de Inglaterra, solo por detrás de Londres[ii]. Olaf condujo la carreta a través de las puertas abiertas de la ciudad justo antes de la puesta de sol. La pareja se encontraba ahora en la mayor comunidad de personas que jamás conocerían. Siendo del campo, Olaf y Emma estaban impresionados por el ajetreo y el bullicio de la ciudad. Emma se cruzó apresuradamente cuando pasaron por delante de una vieja iglesia de piedra. No era un lugar de culto corriente. Era la iglesia de San Pedro; era

---

[i] Battlefields Hub. (2023, 31 de agosto). *The Viking Invasion*. Extraído de Battlefieldstrust.com: https://www.battlefieldstrust.com/resource-centre/viking/campainpageview.asp?pageid=541

[ii] Aitcheson, J. (2023, 31 de agosto). *York*. Extraído de Jamesaitcheson.com: https://www.jamesaitcheson.com/england-in-1066/york/

la iglesia natal del arzobispo de York. Esta iglesia era el epicentro de la autoridad eclesiástica en el norte de Inglaterra.

La archidiócesis de York data del año 735, cuando Ecgbert, hermano de un rey de Northumbria, recibió el palio y fue reconocido como arzobispo. La iglesia de San Pedro sobrevivió a la invasión vikinga de 865, pero fue destruida por los normandos en 1069. La actual catedral de York, fue construida entre 1220 y 1472 y está considerada una obra maestra de la arquitectura de estilo gótico[i].

Empezaba a oscurecer y la pareja necesitaba encontrar un lugar donde pasar la noche. Emma estaba nerviosa porque temía que unos ladrones pudieran robarles todo lo que tenían. Su miedo provenía de las historias que había oído sobre la gente de York. Le habían dicho que tenían buen aspecto, pero que no se fiara de ellos.

Olaf le dijo que no se preocupara. Tenía unos amigos de sus días de trotamundos que vivían en York y los habían invitado a quedarse en su casa. Olaf recordó las indicaciones y dirigió la carreta por la calle hasta llegar a su destino. Sus amigos le dieron la bienvenida y le ayudaron a meter toda la mercancía en la casa.

Agotados por el viaje, Olaf y Emma se durmieron rápidamente. La mañana sería muy ajetreada. Esperaban tener un día provechoso.

Al mercado

Olaf se despertó justo antes del amanecer. Se movió en silencio para no molestar a Emma y desempaquetó cuidadosamente los productos que querían vender ese día. Olaf planeaba vender por la mañana lo que había hecho, y luego volver al mercado y vender los tejidos de Emma por la tarde. Estaba orgulloso de sus tallas de madera y tenía todo el derecho a estarlo.

Las tallas vikingas en madera son una forma de arte. Originalmente se utilizaban para decorar casas, barcos y otros lugares. Era el tipo de trabajo que hacían los escandinavos durante los largos inviernos para pasar las horas. Los intrincados patrones y estilos se siguen utilizando hoy en día y se enseñan a aficionados entusiastas[ii].

---

[i] History of York. (2023, 31 de agosto). *York Minster*. Extraído de Historyofyork.org: http://www.historyofyork.org.uk/themes/york-minster

[ii] Stryi Carving Tools. (2023, 31 de agosto). *Scandinavian Carving*. Extraído de Stryicarvingtools.com: https://stryicarvingtools.com/blogs/news/scandinavian-carving

Olaf estaba igualmente orgulloso del trabajo que realizaba su esposa. Tejer era muy importante en la historia inglesa de la época. Tejer telas era una habilidad que requería paciencia y destreza. Se utilizaban diversas herramientas, como el huso, para hacer el hilo y tejer el material. A menudo, esas herramientas estaban hechas de madera, hueso o bronce. Para colorear la tela se utilizaban tintes naturales. El proceso llevaba mucho tiempo y requería habilidad. Las tejedoras más hábiles producían tapices de pared con la técnica del *soumak*. Otros artesanos utilizarían el material de Emma para confeccionar hermosas prendas de vestir y obras de arte[i].

El mercado de York

La primera carta de mercado de York se redactó en el año 700. En ella se especificaba dónde se ubicaría el mercado y qué días se celebraría. Solo los hombres libres podían vender mercancías.

Se montarían puestos temporales que se desmontarían después de los días de mercado. Así, en un lugar muy destacado, habría un espacio abierto durante unos días, mientras que otros días estaría abarrotado de comerciantes y mercaderes vendiendo sus mercancías.

Olaf no tenía puesto. Sin embargo, eso no importaba porque no pensaba tener un lugar permanente para vender sus productos. En cambio, vendería cosas a comerciantes, que a su vez las venderían a otros. Lo mismo ocurría con las telas de Emma.

Olaf y Emma ya habían estado antes en el mercado de York, así que sabían dónde ir a vender su mercancía. Visitaron unos cuantos puestos, hicieron algunas transacciones y, al final del día, los dos habían ganado una buena cantidad de dinero por sus esfuerzos[ii].

Pagos

Olaf y Emma cobraban con monedas por sus mercancías. No es cierto que las transacciones comerciales se realizaran todas en trueque. La Inglaterra anglosajona utilizaba monedas ya en el siglo VII, cuando Eadbaldo de Kent las fabricó por primera vez. El penique de plata era una moneda común. Aunque al principio los vikingos utilizaban lingotes de

---

[i] Regia Anglorum. (2023, 31 de agosto). *Textiles.* Extraído de Regia.org: https://regia.org/research/life/textiles.htm

[ii] History of York. (2023, 1 de agosto). *Trade in the Medieval City.* Extraído de Historyofyork.org: http://www.historyofyork.org.uk/themes/trade-in-the-medieval-city

plata en las transacciones, se sintieron más cómodos utilizando monedas a medida que se fueron asentando en el paisaje social inglés.

Cena en aquellos días

Olaf y Emma regresaron a casa de su amigo a tiempo para la cena. No sería un festín como el que serviría la nobleza, pero la comida sería saciante.

La comida era sencilla en aquella época porque poca gente podía permitirse poner especias en sus comidas. El pan era un alimento básico cotidiano y se cocinaba en un horno de barro. La dieta era principalmente vegetariana, y las cebollas, los nabos, la col y las zanahorias eran elementos habituales en la mesa. Podía servirse pescado salado o anguilas. La carne, como el cordero, se servía en ocasiones especiales.

La fruta era de temporada y estaba disponible en verano y en otoño. El agua estaba contaminada y no se servía en la mesa. En cambio, Olaf y Emma acompañaban la comida con cerveza diluida o sidra[i].

De vuelta a casa

Olaf y Emma partieron hacia casa a la mañana siguiente. Regalaron a sus amigos algunas de las tallas de madera y telas que no se vendieron. La vuelta a casa no les llevaría demasiado tiempo porque la carreta iba más ligera.

Olaf compartió con Emma una conversación que tuvo en York con un viejo amigo. Leif era un antiguo compañero de tripulación, y él y Olaf habían participado en varios viajes. Leif no se estableció para convertirse en granjero o comerciante. Decidió seguir siendo guerrero y fue mercenario. Compartió historias del tiempo que pasó en Bizancio como miembro de la Guardia varega.

La Guardia varega estaba compuesta principalmente por nórdicos. Eran los guardaespaldas del emperador bizantino. Leif le habló de las maravillas que vio del palacio y la corte imperial en Constantinopla. Leif también pasó algún tiempo en Nóvgorod, donde protegía a los mercaderes. Olaf disfrutaba con las historias, pero estaba contento con la vida que llevaba. Sus días en el agua pertenecían al pasado.

---

[i] Roller, S. (2023, 5 de junio). *What Did the Anglo-Saxons Eat and Drink?* Extraído de Historyhit.com: https://www.historyhit.com/anglo-saxon-food-and-drink/

El *thing*

Emma y Olaf estaban a medio camino de casa cuando se encontraron con un amigo al que hacía tiempo que no veían. Decidieron parar y charlar con él. La conversación fue de aquí para allá. Algunos de los temas eran asuntos que se habían discutido en el *thing* anual.

Se trataba de una tradición nórdica. Era una reunión que se celebraba anualmente y constituía un órgano central de gobierno. Era un lugar donde se podían discutir asuntos y decidir cuestiones legales. Las disputas podían resolverse pacíficamente. Los malhechores podían ser juzgados por sus presuntos delitos. A menudo se imponían multas a los declarados culpables.

La multa se conocía como *wergild*, que significa «pago del hombre». Era la indemnización que pagaba el culpable al perjudicado o a la familia de este, en caso de muerte. El estatus social del culpable determinaba la cuantía. Así, el *wergild* de una persona común era significativamente inferior al que se imponía a un hombre rico[i].

Olaf se estremeció al recordar un juicio en el *thing*. Los vikingos disfrutaban escuchando argumentos legales, y los juicios eran habituales siempre que se convocaba el *thing*. Tenían doce letrados hereditarios que escuchaban los casos, y los libertos se formaban en comités durante las sesiones del tribunal. Estos fueron los orígenes del sistema de jurados en la Inglaterra anglosajona. Etelredo el Indeciso contribuyó a impulsar el concepto de juicio por jurado con un código legal que estipulaba que doce *thegns* (nobles menores) principales de cada *wapentake* investigarían los delitos sin parcialidad. Enrique II formalizaría más tarde este proceso en el sistema de jurados.

Emma se rio entre dientes ante los comentarios de Olaf. Ella también había presenciado aquel juicio y tenía un significado especial para ella. Se trataba de una mujer que tenía una queja sobre cómo un hombre intentaba apoderarse de su propiedad. Las mujeres vikingas tenían derechos inauditos en otras partes de Europa. Podían poseer propiedades y heredar los bienes de sus padres. A las mujeres vikingas se les permitía tomar sus propias decisiones, que incluían a sus parejas matrimoniales y sus posesiones. Podían ocupar puestos de poder y autoridad en la comunidad.

---

[i] Nolen, J. L. (2023, 31 de agosto). *Wergild*. Extraído de Britannica.com: https://www.britannica.com/topic/wergild

La pareja se despidió de su vecino y siguió conduciendo. Se cruzaron con varias personas en el camino y Emma notó algo que la hacía sentir incómoda. Los vikingos y los anglosajones solían llevarse bien, pero Emma vio muchos ceños fruncidos en los rostros de la gente que pasaba. Mencionó sus preocupaciones a su marido, y Olaf asintió solemnemente con la cabeza.

El *danelaw* ya no existía y había desaparecido hacía años. Aun así, la gente recordaba los días en que las incursiones en Wessex trajeron el *danelaw*, y esos recuerdos morían con fuerza. Algunos sacerdotes se mostraban escépticos ante las conversiones vikingas y sospechaban que la gente seguía practicando los derechos paganos en la oscuridad.

Olaf recordó las conversaciones que mantuvo con un amigo en el asunto. El rey Etelredo el indeciso estaba preocupado por la lealtad de los daneses de su reino. El soberano empezaba a preguntarse si eran traidores. A los anglosajones parecía preocuparles que los antiguos vikingos quisieran volver a los días en que tenían un poder significativo. Olaf estaba profundamente preocupado porque se avecinaban tiempos difíciles. No repitió esa conversación a su esposa y trató de calmarla. Aun así, estaba preocupado.

Finalmente llegaron a casa de sus parientes y recogieron a sus hijos. La hermana de Emma conducía la carreta y la familia se sentó atrás como pasajeros. Una vez que llegaron a su granja, Emma y los niños entraron en la casa. Olaf se acercó a un pequeño cobertizo donde guardaba sus herramientas.

Una vez dentro de la choza, Olaf miró a su alrededor, intentando encontrar algo. Finalmente, vio un trozo de tela de Emma envuelto alrededor de algo. Recogió el bulto y quitó los tejidos para dejar al descubierto su contenido. Era su vieja hacha de batalla. Cuando dejó sus días de marinero, Olaf no dejó atrás sus herramientas. El hacha de batalla parecía un poco desafilada, pero podía afilarse hasta que el arma volviera a ser mortífera.

Olaf miró alrededor del cobertizo. En un rincón, detrás de unos aperos de labranza, estaba su viejo escudo. Aún era utilizable. Se mordió el labio inferior mientras oscuros pensamientos pasaban por su mente.

Leif había intentado persuadirlo para que se hiciera mercenario en Rus', pero Olaf había declinado. Estaba contento con su nueva vida, pero no le gustaba cómo iban las cosas. Sus vecinos anglosajones empezaban a mostrarse hostiles hacia él. No le costaría mucho al rey Etelredo volver contra sus súbditos daneses. Algunos estarían dispuestos a hacer el trabajo sucio del rey. A Olaf no le gustaba pensar en ello, pero si alguien intentaba hacer daño a su familia, ese tonto descubriría que aún quedaba algo del viejo *berserker* acechando en su interior, esperando para liberarse.

Olaf no permitiría que nadie destruyera lo que él y Emma habían creado con tanto esfuerzo. Miró al suelo del cobertizo, buscando algo más. Era una piedra de afilar. En silencio, aplicó la piedra de afilar a la hoja de su hacha de batalla, afilando el arma hasta que estuviera lista para la batalla.

Conclusión

La era vikinga duró poco más de trescientos años, pero se produjeron cambios significativos en Inglaterra. El país pasó de cuatro reinos a un estado unificado. Se trata de un logro considerable si se compara Inglaterra con el resto de la Europa medieval. Países como Francia o España no se unirían hasta siglos más tarde.

La historia de los vikingos tiene muchos componentes. Al leer sobre los vikingos, es esencial recordar que algunos de los primeros relatos fueron escritos por hombres que no tenían motivos para presentar a los nórdicos bajo una luz favorable. La investigación moderna y la arqueología nos han dado una mejor imagen de quienes vivieron en la Escandinavia medieval. Los tiempos eran duros, pero la gente no era salvaje. Eran algo muy diferente.

Inglaterra, como nación, dio pasos sustanciales. Era una nación de leyes cuando Guillermo el Conquistador puso el pie en la orilla cerca de Hastings. Las cartas y los códigos legales sustituyeron a las tradiciones y los rituales como instrumentos de administración y justicia. Los vikingos tienen derecho a reclamar parte de estos avances con las innovaciones que introdujeron.

No estamos diciendo que los vikingos y los anglosajones convirtieran Inglaterra en una mancha urbana. Sin embargo, ambos contribuyeron a crear centros urbanos que antes no existían. Es cierto que pasarían siglos antes de que Inglaterra perdiera su composición rural. Sin embargo, los burgos y los *boroughs* aportaron a Inglaterra las ventajas de los entornos urbanos y de una población relativamente numerosa.

La mitología nórdica ha enriquecido la literatura inglesa durante miles de años. Aún leemos obras en las que han influido las historias vikingas en los libros de J. R. R. Tolkien y Neil Gaiman. Los programas de la cadena de televisión por cable como *Juego de Tronos* y *Vikingos* están llenos de referencias a leyendas originarias de Escandinavia.

Geoffrey Chaucer escribió en una lengua que se había convertido en un popurrí de frases y palabras recogidas de diversos grupos que llegaron a Inglaterra. Se creó una lengua rica con una base lingüística en el inglés antiguo, el francés y el nórdico. Muchos angloparlantes hablan sin darse cuenta del origen de los sustantivos, pronombres, adjetivos, verbos y adverbios. Los vikingos contribuyeron significativamente al vocabulario inglés moderno.

El arte vikingo evolucionó a lo largo de los siglos, y la influencia de los diseños vikingos ha aparecido en el arte inglés. El arte vikingo puede verse aún hoy en diversos diseños, desde joyas hasta diseño gráfico, especialmente juegos de ordenador.

Esto es solo una muestra de cómo los vikingos influyeron en Inglaterra. No hace falta decir que la época vikinga fue un periodo formativo. La sociedad moderna tiene cimientos producidos por la unión de dos culturas. En cierto modo, la diversidad de la sociedad inglesa fortaleció a la nación, ya que dio origen a una cultura que reflejaba la voluntad de aprender en lugar de resistirse a las influencias externas. Una tradición de asimilación, no de segregación, es un legado perdurable de esta época.

Vea más libros escritos por Enthralling History

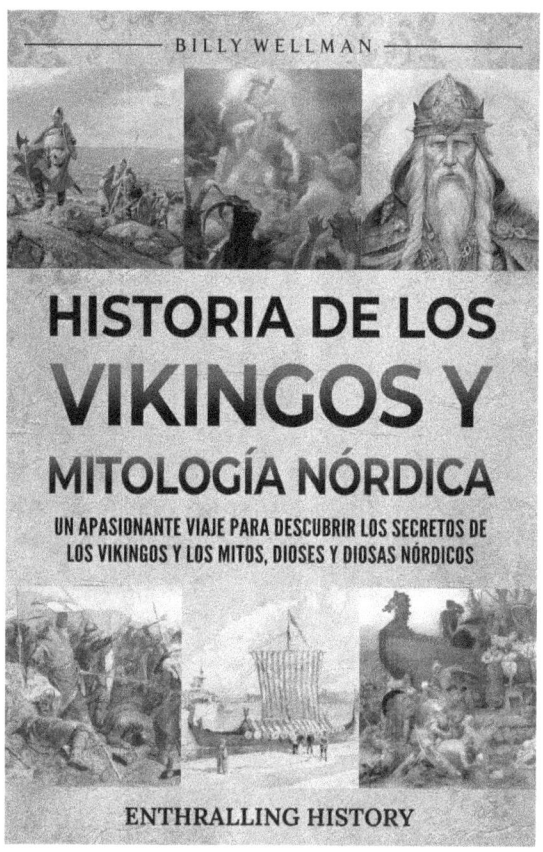

Referencias

Primera Parte: Mitos y leyendas vikingos
The Book of Viking Myths: From the Voyages of Leif Erickson to the Deeds of Odin, the Storied History and Folklore of the Vikings.
Peter Archer (Adams Media, 2017).
The Vikings.
René Chartrand (Osprey, 2016).
The Penguin Book of Norse Myths: Gods of the Vikings.
Kevin Crossley-Holland (Penguin, 1996).
In the Days of Giants: The Book of Norse Myths—The Beginning.
Abbie Farwell Brown (e-artnow, 2019).
Norse Mythology.
Neil Gaiman (Bloomsbury, 2017).
The History of the Danes.
Saxo Grammaticus (Traducido por Peter Fisher y editado por Hilda Ellis Davidson, 1979)
Myths of the Norse Men from the Eddas and Sagas.
H A Guerber (Obscure Press, 2010).
Mythology: Timeless Tales of Gods and Heroes.
Edith Hamilton (Little, Brown and Company, 1942).
Norse Mythology: A Guide to Gods, Heroes, Rituals, and Beliefs.
John Lindow (Oxford University Press, 2002).
Norse Mythology: Tales of the Gods, Sagas and Heroes.

Mary Litchfield (Arcturus, 2018).

Teutonic Myth and Legend—An Introduction to the Eddas and Sagas, Beowulf, the Nibelungenlied, etc.
Donald MacKenzie (Obscure Press, 2010).

The Elder Edda: A Book of Viking Lore.
Andy Orchard (Penguin Classics, 2011).

Tales of the Norse Gods and Heroes.
Barbara Leonie Picard (Oxford University Press, 1970).

The Children of Ash and Elm: A History of the Vikings.
Neil Price (Penguin, 2022).

The Poetic Edda (Traducido por Carolyne Larrington).
Snorri Sturluson (Oxford University Press, 2014).

The Prose Edda—Tales from Norse Mythology (Traducido por Jesse Byock).
Snorri Sturluson (Penguin Classics, 2005).

Volume 2 of Symeonis monachi Opera Omnia.
Symeon of Durham. Editado por Thomas Arnold (Oxford University Press, 1965).

Segunda Parte: Vikingos en Inglaterra

Abernethy, S. (2014, 24 de enero). *Cnut England's Danish King.* Extraído de The Freelance History Writer: https://thefreelancehistorywriter.com/2014/01/24/cnut-englands-danish-king/.

Aitcheson, J. (2023, 31 de agosto). *York.* Extraído de Jamesaitcheson.com: https://www.jamesaitcheson.com/england-in-1066/york/.

Anglo-Saxon.net. (2023, 21 de agosto). *Early-Medieval-England.net Timeline: 871-899.* Extraído de Anglo-Saxon.net: http://www.anglo-saxons.net/hwaet/?do=seek&query=871-899.

Anglo-Saxons.net. (2023, 26 de agosto). *Edward the Elder.* Extraído de Early-Medieval-England: http://www.anglo-saxons.net/hwaet/?do=get&type=person&id=EdwardtheElder.

Augustyn, A. (2023, 23 de agosto). *Harold II.* Extraído de Britannica.com: https://www.britannica.com/biography/Harold-II.

Battlefields Hub. (2023, 31 de agosto). *The Viking Invasion.* Extraído de Battlefieldstrust.com: https://www.battlefieldstrust.com/resource-centre/viking/campainpageview.asp?pageid=541.

Baxter, Stephen (2009). "Edward the Confessor and the Succession Question". In Mortimer, Richard (ed.). Edward the Confessor: The Man and the Legend. Woodbridge: Boydell Press.

Bishop, C. (2021, 18 de marzo). *Horses in battle at the time of Alfred the Great*. Extraído de Historiamag.com: https://www.historiamag.com/horses-in-battle-at-the-time-of-alfred-the-great/#:~:text=King%20Edmund%20of%20East%20Anglia,of%20the%20horses%20they%20needed.

Brain, J. (2023, 29 de agosto). *Edward the Confessor*. Extraído de Historic-uk.com: https://www.historic-uk.com/HistoryUK/HistoryofEngland/Edward-The-Confessor/.

Brain, J. (2023, 27 de agosto). *King Æthelred The Unready*. Extraído de Historic-uk.com: https://www.historic-uk.com/HistoryUK/HistoryofEngland/Æthelred-The-Unready/.

Brain, J. (2023, 26 de agosto). *The Five Boroughs of Danelaw*. Extraído de Historic-uk.com: https://www.historic-uk.com/HistoryUK/HistoryofEngland/The-Five-Boroughs-Of-Danelaw/.

Britain Express. (2023, 20 de agosto). *Viking York*. Extraído de Britainexpress.com: https://www.britainexpress.com/cities/york/viking.htm.

Butler, J. (2023, 29 de agosto). *The Real Ragnar Lothbrok*. Extraído de Historic-uk.com: https://www.historic-uk.com/HistoryUK/HistoryofEngland/Ragnar-Lothbrok/#:~:text=This%20may%20well%20have%20been,settlement%20not%20far%20from%20Dublin.

Castelow, E. (2023, 29 de agosto). *The Battle of Stamford Bridge*. Extraído de Historic-uk.com: https://www.historic-uk.com/HistoryMagazine/DestinationsUK/The-Battle-of-Stamford-Bridge/.

Cavendish, R. (2002, noviembre). *The St. Brice's Day Massacre*. Extraído de History Today: https://www.historytoday.com/archive/st-brice%E2%80%99s-day-massacre.

Cerdic. (2023, 21 de agosto). *Treaty Of Wedmore 878-890*. Extraído de The History of England: https://thehistoryofengland.co.uk/resource/treaty-of-wedmore-878-890/

Chakra, H. (2021, 27 de septiembre). *The Story of Danelaw*. Extraído de About-history.com: https://about-history.com/the-story-of-danelaw/.

Curry, A. (2017). *How to Fight Like a Viking*. Extraído de Nationalgeographic.com: https://www.nationalgeographic.com/history/article/vikings-fight-warfare-battle-weapons.

Davidson, Michael R. (2001). "The (Non)submission of the Northern Kings in 920". In Higham, N. J.; Hill, D. H. (eds.). Edward the Elder, 899–924. Abingdon, UK: Routledge. págs. 200–211.

Discover Middle Ages. (2023, 31 de agosto). *Viking Ships*. Extraído de Discovermiddleages.co.uk: https://www.discovermiddleages.co.uk/medieval-life/viking-ships.

Discovery. (2023, 3 de mayo). *Who was King Burgred of Mercia and what did he do?* Extraído de Discoveryuk.com: https://www.discoveryuk.com/monarchs-and-rulers/who-was-king-burgred-of-mercia-and-what-did-he-do/.

Dorothy Whitlock, W. A. (2023, 10 de agosto). *The Period of the Scandinavian Invasions*. Extraído de Britannica.com: https://www.britannica.com/place/United-Kingdom/The-church-and-the-monastic-revival.

Dr. Jessica Nelson, P. (2016, 5 de enero). *The death of Edward the Confessor and the conflicting claims to the English Crown*. Extraído de History.blog.gov.uk: https://history.blog.gov.uk/2016/01/05/the-death-of-edward-the-confessor-and-the-conflicting-claims-to-the-english-crown/.

Douglas, David C. (1990). *William the Conqueror: The Norman Impact Upon England*. London: Methuen.

"Edward the Elder". http://www.anglo-saxons.net/hwaet/?do=get&type=person&id=EdwardtheElder.

E. H. Seigfried, K. (2015, 6 de noviembre). *The Battle of Maldon*. Extraído de The Norse Mythology Blog: https://www.norsemyth.org/2015/11/the-battle-of-maldon.html.

England's North East. (203, 10 de agosto). *Northumbria's Downfall*. Extraído de Englandsnortheast.co.uk: https://englandsnortheast.co.uk/northumbria-anarchy/.

English Heritage. (2023, 10 de agosto). *Early Christianity in Anglo-Saxon Northumbria*. Extraído de English-heritage.org.uk: https://www.english-heritage.org.uk/visit/places/lindisfarne-priory/History/.

English History. (2023, 27 de agosto). *Sweyn Forkbeard*. Extraído de Englishhistory.net: https://englishhistory.net/vikings/sweyn-forkbeard/.

English Monarchs. (2023, 20 de agosto). *The Danelaw*. Extraído de Englishmonarchs.com: https://www.englishmonarchs.co.uk/vikings_11.html

English Monarchs. (2023, 23 de agosto). *The Battle of Brunanburh*. Extraído de Englishmonarchs.co.uk: https://www.englishmonarchs.co.uk/brunanburh.html.

Erenow.net. (2023, 26 de agosto). *The Danelaw II*. Extraído de Erenow.net: https://erenow.net/postclassical/thevikingsahistory/12.php.

European Royal History. (2022, 22 de octubre). *October 26, 899: Death of Alfred the Great, King of the Anglo-Saxons*. Extraído de Europeanroyalhistory.com: https://europeanroyalhistory.wordpress.com//?s=Alfred+the+Great&search=Go

Fi, B. a. (2015, 2 de mayo). *Vikings in the Danelaw*. Extraído de Babiafi.co.uk: https://www.babiafi.co.uk/2015/05/vikings-in-danelaw.html.

Garner, T. (2018, 2 de enero). *Michael Wood on Æthelstan's "Great War" to Unite Anglo-Saxon England*. Extraído de Historyanswers.co.uk: https://www.historyanswers.co.uk/history-of-war/michael-wood-on-Æthelstans-great-war-to-unite-anglo-saxon-england/.

Giles, J.A. (1914). *The Anglo-Saxon Chronicle*. London: G. Bell and Sonson.

Henriques, M. (2023, 25 de julio). *The Enduring Influence of Norse Mythology on Contemporary Culture*. Extraído de Medium.com: https://medium.com/new-earth-consciousness/the-enduring-influence-of-norse-mythology-on-contemporary-culture-2e32cd2e3489

History of York. (2023, 1 de agosto). *Trade in the Medieval City*. Extraído de Historyofyork.org: http://www.historyofyork.org.uk/themes/trade-in-the-medieval-city.

History of York. (2023, 31 de agosto). *York Minster*. Extraído de Historyofyork.org: http://www.historyofyork.org.uk/themes/york-minster.

History-maps.com. (2023, 10 de agosto). *Viking Invasions of England*. Extraído de History-maps.com: https://history-maps.com/story/Viking-Invasions-of-England.

Irvine, A. (2022, diciembre). *10 Facts About Viking Warrior Ragnar Lodbrok*. Extraído de Historyhit.com: https://www.historyhit.com/facts-about-viking-ragnar-lodbrok/.

Kruljac, I. (2022, 20 de agosto). *The Great Heathen Army: What was it, and how did it unite the Vikings?* Extraído de Thevikingherald.com: https://thevikingherald.com/article/the-great-heathen-army-what-was-it-and-how-did-it-unite-the-vikings/76.

Legends and Chronicles. (2023, 20 de agosto). *Viking Children*. Extraído de legendsandchronicles.com: https://www.legendsandchronicles.com/ancient-civilizations/the-vikings/viking-children/.

Lewis, R. (2023, 20 de agosto). *Ivar the Boneless*. Extraído de Brittanica.com: https://www.britannica.com/biography/Ivar-the-Boneless.

MacNeil, R. (2019, mayo). *The Great Heathen Failure: Why the Great Heathen Army Failed to Conquer the Whole of Anglo-Saxon England*. Extraído de Digitalcommons.winthrop.edu: https://digitalcommons.winthrop.edu/cgi/viewcontent.cgi?article=1105&context=graduatetheses.

Maddicott, John (2010). The Origins of the English Parliament, 924–1327. Oxford, UK: Oxford University Press.

Marsh, A. (2022, 21 de junio). *In 793 AD, Vikings attacked Lindisfarne. Here's why it was so shocking*. Extraído de National Geographic.co.uk: https://www.nationalgeographic.co.uk/history-and-civilisation/2022/06/in-793ad-vikings-attacked-lindisfarne-heres-why-it-was-so-shocking.

Medieval Archives. (2020, 20 de noviembre). *King Edmund the Martyr Killed by the Great Heathen Army*. Extraído de Medievalarchives.com: https://medievalarchives.com/2020/11/20/king-edmund-the-martyr-killed-by-the-great-heathen-army/.

Meyer, I. (2021, 31 de julio). *Viking Art-The History of Norse and Viking Artwork*. Extraído de Artincontext.org: https://artincontext.org/viking-art/

Mingren, W. (2020, 21 de mayo). *Cnut the Great: The Myth, the Man, and the Multi-National Viking Monarch*. Extraído de Ancient Origins: https://www.ancient-origins.net/history-famous-people/cnut-great-0013741.

Neill, C. (2023, 17 de abril). *Who Was Harald Hardrada? The Norwegian Claimant to the English Throne in 1066*. Extraído de Historyhit.com: https://www.historyhit.com/1066-harald-hardraada-lands-england/.

New Advent. (2023, 20 de agosto). *St. Edmund the Martyr*. Extraído de Newadvent.org: https://www.newadvent.org/cathen/05295a.htm.

Nolen, J. L. (2023, 31 de agosto). *Wergild*. Extraído de Britannica.com: https://www.britannica.com/topic/wergild.

"Order of Medieval Women". https://www.medievalwomen.org/aeligthelflaeligdnbsplady-of-the-mercians.html.

Ortenberg, Veronica (2010). "The King from Overseas: Why did Æthelstan Matter in Tenth-Century Continental Affairs?". In Rollason, David; Leyser, Conrad; Williams, Hannah (eds.). England and the Continent in the Tenth Century: Studies in Honour of Wilhelm.

Parker, E. (2016, octubre). *Cnut: The Great Dane*. Extraído de History Extra: https://www.historyextra.com/period/anglo-saxon/king-cnut-danish-why-called-great-rule-england-success/.

Pearce, S. (2023, 16 de febrero). *Where King Alfred Burnt Cakes in Athelney-King Alfred's Monument!* Extraído de Third Eye Traveler: https://thirdeyetraveller.com/where-king-alfred-burnt-cakes-in-athelney-king-alfreds-monument/.

Regia Anglorum. (2023, 31 de agosto). *Textiles*. Extraído de Regia.org: https://regia.org/research/life/textiles.htm.

Roller, S. (2023, 5 de junio). *What Did the Anglo-Saxons Eat and Drink?* Extraído de Historyhit.com: https://www.historyhit.com/anglo-saxon-food-and-drink/.

Ross, D. (2023, 26 de agosto). *King Æthelstan*. Extraído de Britainexpress.com: https://www.britainexpress.com/History/Æthelstan.htm.

Ross, D. (2023, 21 de agosto). *The Battle of Edington*. Extraído de Britain Express: https://www.britainexpress.com/History/battles/edington.htm.

Roua, V. (2016, 7 de mayo). *A Brief History of the Danish Vikings and of the Danelaw*. Extraído de Thedockyards.com: https://www.thedockyards.com/the-danish-vikings-and-the-danelaw/.

Shipfans.blogspot.com. (2023, 10 de agosto). *Drakkar Viking Ship 9th-132th century*. Extraído de Shipfans.blogspot.com: http://shipfans.blogspot.com/2010/04/drakkar-viking-ship-9th-13th-century.html

Skald, F. t. (2016, 16 de septiembre). *Viking History: Post-by-Post*. Extraído de Fjorn-the-skald.tumblr.com: https://fjorn-the-skald.tumblr.com/post/150515624715/lesson-16-viking-money-commerce-coins-and.

Skjaden. (2020, 16 de enero). *Trade in the Viking Age-Do You Know Which Trade Towns That Were the Most Important Ones?* Extraído de Nordic Culture: https://skjalden.com/where-did-the-vikings-trade/.

Sky History. (2023, 20 de agosto). *11 Facts About Fearsome Viking "Ivar the Boneless"*. Extraído de www.history.co.uk: https://www.history.co.uk/articles/11-facts-about-fearsome-viking-ivar-the-boneless.

Sky History. (2023, 26 de agosto). *Old Norse Words We Use Every Day*. Extraído de www.history.co.uk: https://www.history.co.uk/shows/vikings/articles/old-norse-words-we-use-every-day.

Sky History. (2023, 20 de agosto). *Who Was Viking Legend Bjorn Ironside*. Extraído de History.co.uk: https://www.history.co.uk/articles/who-was-viking-legend-bjorn-ironside

Stryi Carving Tools. (2023, 31 de agosto). *Scandinavian Carving*. Extraído de Stryicarvingtools.com: https://stryicarvingtools.com/blogs/news/scandinavian-carving.

The History Junkie. (2023, 21 de agosto). *5 Reasons That Burhs Were Important and How They Helped Alfred the Great Defeat the Vikings*. Extraído de Thehistoryjunkie.com: https://thehistoryjunkie.com/5-reasons-that-burhs-were-important-and-how-they-helped-alfred-the-great-defeat-the-vikings/.

The Ministry of History. (2020, 5 de mayo). *Ragnar Lothbrok*. Extraído de Theministryofhistory.co.uk: https://www.theministryofhistory.co.uk/historical-biographies/ragnarlothbrok.

The Viking Answer Lady. (2023, 29 de agosto). *Origin of the phrase, "A furore Normannorum libera nos, Domine"*. Extraído de The Viking Answer Lady: http://www.vikinganswerlady.com/vikfury.shtml.

Thomsen, M. H. (2023, 10 de agosto). *Instrument navigation in the Viking Age?* Extraído de Vikingeskibs Museet: https://www.vikingeskibsmuseet.dk/en/professions/education/knowledge-of-sailing/instrument-navigation-in-the-viking-age.

Trow, M. J. (2005), *Cnut - Emperor of the North*, Stroud: Sutton.

Ulvog, J. (2017, 8 de noviembre). *Size of Viking raiding parties*. Extraído de Ancientfinances.com: https://ancientfinances.com/2017/11/08/size-of-viking-raiding-parties/#:~:text=In%20The%20Vikings%20course%20from,500%20up%20to%201%2C200%20warriors.

Viking.no. (2004, 14 de agosto). *The Danelaw: Population, culture and heritage*. Extraído de Viking.no: https://www.viking.no/e/england/danelaw/e-heritage-danelaw.htm.

Viking.no. (2004, 14 de agosto). *Trade routes in the British Isles*. Extraído de Viking.no: https://www.viking.no/e/england/york/jorvik_trading_centre_2.html.

Warriors & Legends. (2023, 20 de agosto). *Viking Warrior Raids*. Extraído de Warriorsandlegends.com: https://www.warriorsandlegends.com/viking-warriors/viking-warrior-raids/.

Warriors and Legends.com. (2023, 31 de agosto). *Famous Viking Warriors*. Extraído de Warriorsandlegends.com: https://www.warriorsandlegends.com/viking-warriors/famous-viking-warriors/.

Williamson, J. (2022, 20 de agosto). *Who was Ubba Ragnarsson, the Viking commander of the Great Heathen Army?* Extraído de Thevikingherald.com: https://thevikingherald.com/article/who-was-ubba-ragnarsson-the-viking-commander-of-the-great-heathen-army/194.

Zimmerman, M. (2023, 29 de agosto). *Earl Godwin, The Lesser Known Kingmaker*. Extraído de Historic-uk.com: https://www.historic-uk.com/HistoryUK/HistoryofEngland/Earl-Godwin/.

Fuentes de imágenes

1 https://commons.wikimedia.org/wiki/File:Edda.jpg
2 https://commons.wikimedia.org/wiki/File:The_Ash_Yggdrasil_by_Friedrich_|Wilhelm_Heine.jpg
3 https://commons.wikimedia.org/wiki/File:The_Wolves_Pursuing_Sol_and_Mani.jpg
4 https://commons.wikimedia.org/wiki/File:Odin_riding_Sleipnir.jpg
5 https://commons.wikimedia.org/wiki/File:Ardre_Odin_Sleipnir.jpg
6 https://commons.wikimedia.org/wiki/File:Tanngrisnir_and_Tanngnj%C3%B3str_by_Fr%C3%B8lich.jpg
7 https://commons.wikimedia.org/wiki/File:Ah,_what_a_lovely_maid_it_is!_by_Elmer_Boyd_Smith.jpg
8 https://commons.wikimedia.org/wiki/File:M%C3%A5rten_Eskil_Winge_-_Tor%27s_Fight_with_the_Giants_-_Google_Art_Project.jpg
9 https://commons.wikimedia.org/wiki/File:Baldr_dead_by_Eckersberg.jpg
10 https://commons.wikimedia.org/wiki/File:Louis_Huard_-_The_Punishment_of_Loki.jpg
11 https://commons.wikimedia.org/wiki/File:Heimdal_by_Froelich.jpg
12 Marit Synnøve Vea, CC BY-SA 3.0 <https://creativecommons.org/licenses/by-sa/3.0>, vía Wikimedia Commons; https://commons.wikimedia.org/wiki/File:DRAKEN_HARALD_H%C3%85RFAGRE._9._BORDGANG_SNART_P%C3%85_PLASS.jpg
13 https://commons.wikimedia.org/wiki/File:Viking_Siege_of_Paris.jpg
14 Hel-hama, CC BY-SA 3.0 <https://creativecommons.org/licenses/by-sa/3.0>, vía Wikimedia Commons; https://commons.wikimedia.org/wiki/File:

England_Great_Army_map.svg

15 https://commons.wikimedia.org/wiki/File:%C3%86thelred_-_MS_Royal_14_B_VI.jpg

16 Hel-hama, CC BY-SA 3.0 <https://creativecommons.org/licenses/by-sa/3.0>, vía Wikimedia Commons; https://commons.wikimedia.org/wiki/File:Anglo-Saxon_burhs.svg

17 Hel-hama, CC BY-SA 3.0 <https://creativecommons.org/licenses/by-sa/3.0>, vía Wikimedia Commons; https://commons.wikimedia.org/wiki/File:England_878.svg

18 The Portable Antiquities Scheme/ The Trustees of the British Museum, CC BY-SA 4.0 <https://creativecommons.org/licenses/by-sa/4.0>, vía Wikimedia Commons; https://commons.wikimedia.org/wiki/File:Thurcaston_Viking_mixed_coin_hoard_(FindID_106146).jpg

19 https://commons.wikimedia.org/wiki/File:%C3%86thelfl%C3%A6d_as_depicted_in_the_cartulary_of_Abingdon_Abbey.png

20 https://commons.wikimedia.org/wiki/File:Edward_the_Elder_-_MS_Royal_14_B_VI.jpg

21 https://commons.wikimedia.org/wiki/File:Athelstan_from_All_Souls_College_Chapel.jpg

22 Ikonact, CC BY-SA 3.0 <https://creativecommons.org/licenses/by-sa/3.0>, vía Wikimedia Commons; https://commons.wikimedia.org/wiki/File:British_Isles_X_century.svg

23 https://commons.wikimedia.org/wiki/File:Charter_S416_written_by_%C3%86thelstan_A_in_931.jpg

24 https://commons.wikimedia.org/wiki/File:Ethelred_the_Unready.jpg

25 https://commons.wikimedia.org/wiki/File:Canute_and_%C3%86lfgifu_cropped_(Canute).jpg